하루 5분 감사 일기

The 5-Minute
Gratitude Journal

지은이 소피아 고드킨Sophia Godkin

건강 심리 전문가이자 행복 전문가, 그리고 행복과 관계, 변화 코치. 통합적 코치와 상호적 교육, 맞춤형 컨설팅을 통해 사람들이 성취감 있는 커리어, 유익한 관계, 성장과 진정성, 가능성 있는 인생으로 이끄는 관점과 행동, 습관을 갖도록 돕고 있다. 교육자로서 전 세계의 수많은 회사와 대학교에서 행복과 건강, 목적 있는 삶의 원칙과 실천에 대해 가르치고 있다.

옮긴이 박선주

세종대학교 국어국문학과와 이화여자대학교 통역번역대학원 한불번역과에서 공부했다. 주로 영어, 프랑스어로 된 좋은 책들을 소개하고 번역한다.
옮긴 책으로는 《해빙 잇 올》, 《빨간 머리 앤》, 《사물들과 철학하기》, 《영화의 목소리》, 《프란츠와 클라라》, 《제인 에어》, 《동방의 항구들》, 《예수 그리스도의 생애》, 《믿을 수만 있다면》, 《한밤의 위고》 등이 있다.

충만하고 감사하는 마음의 화신이었던
나의 친구 프리엘 슈말바흐에게

머리말

《하루 5분 감사 일기》에 오신 것을 환영합니다. 이 책은 앞으로 몇 주, 몇 달, 어쩌면 수년간 당신의 마음에 평화를 가져다주는 벗이 될 것입니다.

저는 사람들이 흔히 말하듯 "감사 신봉자"입니다. 건강심리학자이자 행복 코치, 긍정심리학 교수로서 종종 이런 질문을 받습니다.

"행복의 비결은 무엇인가요?"

행복의 비결은 단순합니다. 무엇이든 감사로 시작하는 것입니다.

감사는 어떤 측면에서든 우리를 돕고 지지해준 사람들, 경험, 상황에 고마워하는 마음입니다. 우리는 살아 있음을 생생히 느낄 때, 기쁠 때, 그리고 삶에 만족할 때 감사를 느낍니다. 또한 건강할 때, 만족스러울 때, 희망적일 때, 타인에게 연민, 호의, 연대감을 느낄 때 감사하는 마음이 더욱 커집니다.

저의 감사 여정은 막 성인이 되었을 무렵부터 시작되었습니다. 그때 저는 몇 가지 일을 겪으며 사고방식과 행복은 결코 뗄 수 없이 연결되어 있음을 알게 되었습니다. 불만을 품거나 불평할수록 긍정적인 감정을 품기가 더 어려워졌습니다. 이후 저는 많은 공부와 실천을 통해 감사가 다른 어떤 것에도 비할 수 없이 강력한 수단이라는 사실을 깨닫게 되었습니다. 가끔은 감사를 통해 일상이 눈에 띄게 나아지기도 했습니다. 그러니 여러분이 꾸준히 감사하며 산다면 삶은 상상할 수 없을 만큼 긍정적으로 변화할 것입니다.

모든 좋은 습관은 작은 것에서부터 시작한다고 합니다. 매일 감사 일기를 쓰는 것은 감사를 습관으로 자리 잡게 할 완벽한 방법입니다. 자주, 많이 감사할수록 습관으로 자리 잡기가 더욱 쉬워집니다. 습관이 되면 훨씬 수월하게 감사할 수 있습니다. 아무리 바쁜 사람이라도 하루에 단 5분이면 감사의 힘을 느낄 수 있습니다.

감사의 힘

감사는 삶에 여러 혜택을 가져다줍니다. 감사 전문가 로버트 에몬스Robert Emmons에 따르면 감사의 시각으로 세상을 볼 때 그 영향을 받지 않는 영역이란 없습니다.

꾸준히 감사를 표하는 사람들은 그렇지 않은 사람들보다 더 행복하고, 긍정적이며 자기 삶에 만족합니다. 감사할 줄 아는 사람은 외로움과 고립감을 덜 느끼며, 인간관계를 잘 유지하고 발전시킵니다. 또한 그렇지 않은 사람보다 사교적이고, 공감을 잘하고, 관대합니다. 하루에 단 5분이라도 감사하는 사람은 신체 또한 건강합니다. 감사가 스트레스에 대처하는 능력을 강화하고, 현재에 기쁨을 느끼며 살도록 북돋우기 때문입니다. 이렇게 얻은 긍정적인 감정은 날마다 감사해야 할 사람 또는 상황을 인정하도록 돕습니다.

감사 일기 사용법

《하루 5분 감사 일기》는 여러분이 매일 쉽고 즐겁게 감사를 실천할 수 있도록 돕습니다. 하루를 마무리하며 5분 정도 여유를 내 일기를 써보세요. 나도 모르게 마음이 가볍고 행복해지며, 삶을 대하는 태도가 긍정적으로 변하는 것을 느낄 수 있을 것입니다. 감사 일기의 각 부분을 채우는 방법과 감사 일기를 쓰며 효과를 최대한 많이 얻을 수 있는 몇 가지 팁을 알려드리도록 하겠습니다.

생각을 끌어내는 길잡이

각 페이지마다 우리가 당연히 여기고 무심코 지나치던 크고 작은 일들에 주목하도록 하는 네 가지 질문이 적혀 있습니다. 감사한 사람, 경험, 일 등을 곰곰이 떠올려보는 시간을 가져보세요.

영감을 주는 유명 인사들의 명언

이 책에는 날마다 감사하며 사는 지혜로운 사람들의 문장이 실려 있습니다. 감사에 관한 그들의 독보적인 관점을 읽어보며 감사가 행복하고 건강하고 의미 있는 삶을 사는 데 있어 얼마나 중요한지 이해하게 될 것입니다.

강력하고 긍정적인 확언

감사하는 삶에 도움이 되는 또 하나의 도구는 '확언'입니다. 이는 우리 자신과 삶에 낙관적이고 긍정적인 관점을 갖도록 돕는 진술을 말합니다. 사고방식의 전환이 필요할 때마다 이 확언들을 반복해서

되뇌세요. 확언은 영감을 주고, 동기를 불러일으키며, 긍정적인 사고와 행동을 하게끔 도울 것입니다.

이렇게 하루에 5분씩만 투자하면 감사하는 마음을 가질 수 있습니다. '감사 습관'을 들이면 갖가지 영역에서 빛을 볼 수 있습니다. 일기를 쓰다 보면 당신은 어느새 단순히 감사할 거리를 찾는 사람에서 벗어나 '감사하는 사람'이 되어 있을 것입니다!

더욱더 감사하는 삶을 살기 위한 첫발을 내디딘 것을 축하합니다. 당신의 목표나 갈망이 무엇이든, 감사의 태도를 기르고자 하는 이유가 무엇이든《하루 5분 감사 일기》가 당신의 발걸음을 도울 것입니다.

감사 일기, 어떻게 쓸까?

오늘 하루는 얼마나 만족스러운 하루였는지 점수로 표시해보세요.

응원의 한마디를 필사하며 하루를 마무리해보세요.

DATE . .

오늘은 몇 점짜리 하루였나요?

1	2	3	4	5	6	7	8	9	10

"나는 지금 내 인생 최고의 순간을 시작하고 있다."

"나는 지금 내 인생 최고의 순간을 시작하고 있다."

당신의 삶이 이미 멋진 이유는 무엇인가요?

삶을 더욱 즐겁게 만들어주는 사람이 있나요?
그 사람은 어떤 장점을 가지고 있나요?

늘 갖길 원하던 것 중에 지금 이미 가진 것이 있나요?

당신이 지금 당장 행복해야 하는 이유는 무엇인가요?

때로는 행복을 추구하는 일을 멈추고 그저 행복을 느껴라.

기욤 아폴리네르Guillaume Apollinaire

무사히 하루를 보낸
스스로에게 고마움을 표현해보세요.

오늘 하루 수고한 나에게 한마디

정말 바쁜 하루였지?
고생 많았어 XX아! 내일도 힘내보자.

오늘은 몇 점짜리 하루였나요?

DATE . .

1	2	3	4	5	6	7	8	9	10

"나는 지금 내 인생 최고의 순간을 시작하고 있다."

당신의 삶이 이미 멋진 이유는 무엇인가요?

삶을 더욱 즐겁게 만들어주는 사람이 있나요?
그 사람은 어떤 장점을 가지고 있나요?

늘 갖길 원하던 것 중에 지금 이미 가진 것이 있나요?

당신이 지금 당장 행복해야 하는 이유는 무엇인가요?

때로는 행복을 추구하는 일을 멈추고 그저 행복을 느껴라.

기욤 아폴리네르Guillaume Apollinaire

오늘 하루 수고한 나에게 한마디

DATE . .

오늘은 몇 점짜리 하루였나요?

1	2	3	4	5	6	7	8	9	10

"예정된 일은 그것이 무엇이든 반드시 일어난다."

소중히 여기는 기억이 있나요?
어떤 일인지, 그 기억이 특별해진 이유는 무엇인지 떠올려보아요.

'내가 나여서 다행이다'라고 생각한 적이 있나요?
그 이유는 무엇인가요?

늘 원하다가 결국 이룬 것이 있나요?
그에 도움을 준 사람 또는 사물에 대해서도 이야기해보아요.

최근 당신의 앞에 열린 새로운 기회는 무엇인가요?
어떤 계기로 기회를 얻게 되었나요?

옳은 것을 추구하면 우리의 삶은 상상할 수 없을 만큼
새롭고 흥미로운 방향으로 회전하기 시작한다.

팸 그라우트 Pam Grout

오늘 하루 수고한 나에게 한마디

오늘은 몇 점짜리 하루였나요?

DATE . .

1	2	3	4	5	6	7	8	9	10

"내 삶은 놀라운 일로 가득하다. 나는 매 순간을 사랑한다."

당신의 삶을 더욱 편하고 행복하게 해주는
사람, 장소, 물건은 무엇인가요?

존재만으로 삶을 더 좋게 만들어주는 사람이 있나요?
그 사람과의 추억 한 가지를 이야기해보아요.

오늘 하루 중 기대한 것보다 훨씬 잘 풀린 일이 있나요?

사는 보람을 느끼게 하는 것은 무엇인가요?

바로 여기에서, 바로 지금 행복해야 한다.

로버트 잉거솔Robert G. Ingersoll

오늘 하루 수고한 나에게 한마디

DATE . .

오늘은 몇 점짜리 하루였나요?

1	2	3	4	5	6	7	8	9	10

"나의 기쁨에는 한계가 없고,
다른 이들을 사랑하는 능력 또한 무한하다."

제일 좋아하는 친구는 누구인가요?
그 친구의 장점을 적어보아요.

지금 가장 감사한 일은 무엇인가요?

단지 꿈만 꾸다가 드디어 얻은 기회가 있나요?
그것을 꿈꾸게 된 계기는 무엇인가요?

이 순간 축하하고 싶은 일이 있나요?

감사의 옷을 입어라.
그러면 감사가 삶의 구석구석을 채울 것이다.

루미Rumi

오늘 하루 수고한 나에게 한마디

오늘은 몇 점짜리 하루였나요?

DATE . .

1	2	3	4	5	6	7	8	9	10

"나는 점점 더 행복해진다."

오늘의 당신이 있기까지 도와준 사람들을 떠올려보고,
그들에게 전하고 싶은 말을 적어보아요.

잠시 눈을 감아보세요. 무엇이 떠오르나요?
지금 떠오르는 장면이나 소리, 느낌 등을 기록해보세요.

오늘 하루 중 기대한 것보다 훨씬 잘 풀린 일이 있나요?

힘들었지만 당신이 더욱 성장하는 데에
도움이 된 경험은 무엇인가요?

감사는 내 인생이 충분하고 부족함 없음을 인정하는 방법이다.

브레네 브라운Brené Brown

오늘 하루 수고한 나에게 한마디

DATE . .

오늘은 몇 점짜리 하루였나요?

1	2	3	4	5	6	7	8	9	10

"내게는 충만하고 흡족한 삶을 사는 데 필요한 모든 것이 있다."

오늘 시간을 함께 보낸 사람은 누구인가요?

지금 미소 지어야 할 이유를 떠올려보아요.

어려운 상황에서 직접 배운 교훈이 있나요?
그중 한 가지를 떠올려보아요.

오늘 하루 중 기대한 것보다 훨씬 잘 풀린 일이 있나요?

기쁨의 초석은 감사다.
기쁜 일이 우리를 감사하게 하는 것이 아니라
감사하는 태도가 우리를 기쁘게 한다.

데이비드 슈타인들-라스트David Steindl-Rast

오늘 하루 수고한 나에게 한마디

오늘은 몇 점짜리 하루였나요?

DATE . .

1	2	3	4	5	6	7	8	9	10

"나는 지금까지 지나온 길에 감사하고,
지금 이 자리에서 행복하며, 앞으로 나아갈 길이 기대된다."

오늘 하루 중 가장 좋았던 일은 무엇인가요?

당신이 삶을 더욱 사랑하도록 만드는 것에는 무엇이 있나요?

힘든 날 희망이 되어 준 사람은 누구인가요?

살아 있는 것이 얼마나 큰 선물인지
상기시키는 것이 있다면 무엇인가요?

기대를 감사와 바꾸면 즉시 세상이 달라진다.

토니 로빈스Tony Robbins

오늘 하루 수고한 나에게 한마디

DATE . .

오늘은 몇 점짜리 하루였나요?

1	2	3	4	5	6	7	8	9	10

**"나는 지금 삶을 배우고 있으며,
긍정적이고 충족한 미래를 향해 성장하고 있다."**

내일이 기대되는 이유는 무엇인가요?

늘 원하다가 결국 이룬 것이 있나요?
그에 도움을 준 사람 또는 사물에 대해서도 이야기해보아요.

당신에게 주어진 두 번째 기회는 무엇인가요?

당신을 아이처럼 웃게 만드는 것은 무엇인가요?
왜 그것을 좋아하게 되었나요?

삶의 좋은 점을 찾기 시작하라.
좋은 점이 너무도 많은 나머지 당신은 그저 놀라게 될 것이다.
스테이시 마틴Stacie Martin

오늘 하루 수고한 나에게 한마디

오늘은 몇 점짜리 하루였나요?

DATE . .

1	2	3	4	5	6	7	8	9	10

"인생은 일종의 여정이다. 나는 이 여정을 통해 날마다 더 지혜로워지고, 더 강해지며, 더 용감해진다."

날마다 당신에게 희망을 주는 것,
당신이 신뢰하는 것은 무엇인가요?

오늘 하루 중 가장 좋았던 일은 무엇인가요?

지금까지 당연하다고 여기며 받았던 특혜는 무엇인가요?

실패했지만 멋지게 극복한 경험을 이야기해보아요.

지나간 것은 잊고, 남아 있는 것에 감사하며, 앞으로 올 것을 기대해야 한다.

무명

오늘 하루 수고한 나에게 한마디

오늘은 몇 점짜리 하루였나요?

DATE . .

1	2	3	4	5	6	7	8	9	10

"나는 나라는 존재와 나의 자리,
내가 가진 것에 진심으로 감사한다."

당신에게 영감을 주는 것은 무엇인가요?

힘들었지만 당신이 더욱 성장하는 데에
도움이 된 경험은 무엇인가요?

당신에게 희망을 주는 말이나 행동은 무엇인가요?

지금 스스로에게
고맙다고 말해야 하는 이유는 무엇인가요?

당신이 살아 있다는 사실에 반하는 날들이 많기를 바란다.

무명

오늘 하루 수고한 나에게 한마디

오늘은 몇 점짜리 하루였나요?

DATE . .

1	2	3	4	5	6	7	8	9	10

"나는 날마다 조금씩 성장하는 나에게 감사한다."

살아 있다는 사실에 감사해야 할 이유는 무엇일까요?

딱 맞는 시기, 딱 맞는 장소에 있다고 느끼는 순간은 언제인가요?

어제는 그냥 지나쳤지만,
오늘 아주 멋지게 보였던 것이 있나요?

누군가의 작은 행동이 큰 의미가 되어 다가왔던 경험이 있나요?

지금 가진 것을 소중히 여긴다면
필요한 모든 것을 이미 가진 것이나 다름없다.
무명

오늘 하루 수고한 나에게 한마디

오늘은 몇 점짜리 하루였나요?

DATE . .

1	2	3	4	5	6	7	8	9	10

"지금 일어나는 일은 모두 나를 돕기 위한 일이다."

오늘 하루를 좋은 날로 만들어준 사람
또는 사물은 무엇인가요?

고맙다고 꼭 말해주고 싶은 사람이 있나요?
그 사람에게 고마운 이유도 함께 적어보아요.

삶이 긍정적인 방향으로 풀리고 있음을
확인시켜준 일은 무엇인가요?

당신의 삶을 의미 있게 만드는 것은 무엇인가요?

삶을 사랑하면 삶 또한 내게 사랑을 돌려준다.

아르투르 루빈스타인Arethur Rubinstein

오늘 하루 수고한 나에게 한마디

오늘은 몇 점짜리 하루였나요?

DATE . .

1	2	3	4	5	6	7	8	9	10

"지금까지 내가 지낸 곳은 멋진 곳이었다.
그러나 앞으로 내가 향할 곳은 그보다 더 멋질 것이다."

당신의 삶에 즐거움을 주는 것은 무엇인가요?

당신이 가진 재능은 무엇인가요?

다른 사람들은 어려워하지만,
당신만은 쉽게 선택할 수 있는 것이 있나요?

지금 살아 있어서 얻는 가장 큰 혜택은 무엇인가요?

가진 것에 감사를 표현할수록
감사할 것을 더욱더 많이 갖게 된다.

지그 지글러Zig Ziglar

오늘 하루 수고한 나에게 한마디

오늘은 몇 점짜리 하루였나요?

DATE . .

1	2	3	4	5	6	7	8	9	10

"나는 날마다 사랑하는 나의 삶을 빛을 새롭고 간단한 방법을 발견한다."

이번 주 중 살아 있다는 느낌이
충만하게 들었던 순간이 있다면 언제인가요?

평소 필요했던 것 중에서 오늘 충족된 것이 있나요?

오늘 하루 중 잊을 수 없는 기억이 있다면 무엇인가요?

'내가 나여서 다행이다'라고 생각한 적이 있나요?
그 이유는 무엇인가요?

삶을 바꾸기 위해 할 수 있는 일 중 한 가지는
가진 것에 감사하는 것이다.
많이 감사할수록 더 많이 얻게 될 것이다.

오프라 윈프리Oprah Winfrey

오늘 하루 수고한 나에게 한마디

오늘은 몇 점짜리 하루였나요?

DATE . .

1	2	3	4	5	6	7	8	9	10

"나는 균형 잡힌 시각을 가졌다.
나는 모든 상황에서 선(善)을 찾을 수 있다."

당신의 삶이 이미 멋진 이유는 무엇인가요?

최근 당신의 앞에 열린 새로운 기회는 무엇인가요?
어떤 계기로 그 기회를 얻게 되었나요?

당신의 삶을 의미 있게 만드는 것은 무엇인가요?

오늘 함께 시간을 보낸 사람은 누구인가요?

멋진 날은 멋진 사고방식과 함께 시작된다.
잘될 것을 생각하라.
그보다 더 좋은 것은 이미 잘되고 있는 일을 생각하는 것이다.

존 가이거John Geiger

오늘 하루 수고한 나에게 한마디

DATE . .

오늘은 몇 점짜리 하루였나요?

1 2 3 4 5 6 7 8 9 10

"나는 새로운 기회와 예상 밖의 가능성에 마음을 활짝 연다."

당신의 삶을 더욱 편하고 행복하게 만들어주는
사람, 장소, 물건은 무엇인가요?

오늘의 당신이 있기까지 도와준 이들 중
한 명에 대해 이야기해보아요.

제일 친한 친구의 장점 한 가지를 적어보아요.

오늘 하루 중 바란 것보다
훨씬 잘 풀린 일이 있나요?

나는 오늘 아침 두 개의 선물을 열었다.
그 선물은 바로 나의 두 눈이다.

지그 지글러Zig Ziglar

오늘 하루 수고한 나에게 한마디

오늘은 몇 점짜리 하루였나요?

DATE . .

1	2	3	4	5	6	7	8	9	10

"과거는 이미 지나갔다. 나는 오늘에 집중하고, 오늘을 생각하기로 선택하며 미래를 만들어나간다."

존재만으로도 삶을 더 좋게 만들어주는 사람이 있나요?
그 사람과의 추억 한 가지를 이야기해보아요.

지금 가장 감사한 일은 무엇인가요?

인생의 경이로움을 상기시키는 장면, 소리
또는 느낌에 대하여 기록해보아요.

지금까지 당연하다고 여기며 받았던 특혜는 무엇인가요?

좋은 일이 생기면 감사하라.
그것이 아주 작은 일이라도 감사하다고 말하라.
론다 번Rhonda Byrne

오늘 하루 수고한 나에게 한마디

DATE . .

오늘은 몇 점짜리 하루였나요?

1	2	3	4	5	6	7	8	9	10

"내가 내린 모든 결정은 나를 멋진 곳으로 이끈다."

늘 원하다가 결국 이룬 것이 있나요?
그에 도움을 준 사람 또는 사물에 대해서도 이야기해보아요.

기대한 것보다 실제가 더 나았던 적이 있나요?

오늘 당신이 미소 지을 수 있었던 이유는 무엇인가요?

내일을 기대하게 하는 멋진 계획을 세워보아요.

일이 진행되는 방식을 최대한 활용할 줄 아는 사람들의 일은
언제나 잘 풀리기 마련이다.

존 우든John Wooden

오늘 하루 수고한 나에게 한마디

DATE . .

오늘은 몇 점짜리 하루였나요?

1	2	3	4	5	6	7	8	9	10

"친절하고 사랑스러운 이 세상과 관계 맺는 것은 기쁜 일이다."

당신이 지금 당장 행복해야 하는 이유는 무엇인가요?

늘 갖길 원하던 것 중에 지금 이미 가진 것이 있나요?

존재만으로도 삶을 더 좋게 만들어주는 사람이 있나요?
그 사람과의 추억 한 가지를 이야기해보아요.

이 순간 축하하고 싶은 일이 있나요?

햇살마저 완벽한 아침, 당신은 눈을 떴다.
당신에게는 이름이 있고, 누군가 그 이름을 부르고 싶어 한다.
당신에게는 아름다운 손이 있고, 누군가 당신의 손을 잡길 원한다.
이 조건들을 떠올리며 하루를 시작한다면 모든 것이 괜찮을 것이다.

워산 샤이어Warsan Shire

오늘 하루 수고한 나에게 한마디

DATE . .

오늘은 몇 점짜리 하루였나요?

1	2	3	4	5	6	7	8	9	10

**"나는 숨을 깊이 들이쉬고
열린 정신과 감사하는 마음으로 삶을 대한다."**

오늘 하루 중 기대한 것보다 훨씬 잘 풀린 일이 있나요?

단지 꿈만 꾸다가 드디어 얻은 기회가 있나요?
그것을 꿈꾸게 된 계기는 무엇인가요?

힘들었지만 당신이 더욱 성장하는 데에
도움이 된 경험은 무엇인가요?

살면서 바란 것보다 훨씬 좋게 풀린 일이 있나요?

**아무리 후회해도 과거를 바꿀 수 없고, 아무리 걱정해도 미래를 바꿀 수 없지만,
무한한 감사는 현재를 바꿀 수 있다.**

무명

오늘 하루 수고한 나에게 한마디

DATE . .

오늘은 몇 점짜리 하루였나요?

1	2	3	4	5	6	7	8	9	10

"나는 매 순간 경이와 호기심, 감사로 다가간다."

어려운 상황에서 직접 배운 교훈이 있나요?
그중 한 가지를 떠올려보아요.

오늘 하루 중 가장 좋았던 것은 무엇인가요?

당신에게 주어진 두 번째 기회는 무엇인가요?

당신이 삶을 더욱 사랑하도록 만드는 것에는 무엇이 있나요?

매일 아침 눈을 뜰 때마다 '나는 운 좋은 사람이고 소중한 인생을 가졌다. 그러니 이 삶을 낭비하지 않겠다'라고 다짐하라.

달라이 라마Dalai Lama

오늘 하루 수고한 나에게 한마디

오늘은 몇 점짜리 하루였나요?

DATE . .

1	2	3	4	5	6	7	8	9	10

"실패든 성공이든, 모든 경험은 내게 도움이 된다."

살아 있는 것이 얼마나 큰 선물인지
상기시키는 것이 있다면 무엇인가요?

오늘 하루 중 가장 좋았던 일은 무엇인가요?

실패했지만 멋지게 극복한 경험을 이야기해보아요.

지금 당신의 모습에 감사를 느끼는 이유를 적어보아요.

가끔은 등반을 멈추고 그 자리에서 전망을 감상해야 한다.

로리 데셴Lori Deschene

오늘 하루 수고한 나에게 한마디

오늘은 몇 점짜리 하루였나요?

DATE . .

1	2	3	4	5	6	7	8	9	10

**"나는 불확실한 상황도 기꺼이 포용하고,
예상 밖의 방식으로 다가오는 삶 역시 충분히 받아들일 수 있다."**

지금 바로 원하는 삶을 이룰 방법이 있다면 무엇일까요?

당신을 아이처럼 웃게 만드는 것은 무엇인가요?
왜 그것을 좋아하게 되었나요?

값진 것을 가르쳐준 소중한 경험이 있나요?
그로부터 무엇을 배웠나요?

삶이 긍정적인 방향으로 풀리고 있음을
확인시켜준 일은 무엇인가요?

날마다 일어나는 기적에 감사를 표현하는 것,
그것이 매 순간을 특별하게 만드는 가장 좋은 방법이다.

웨인 다이어Wayne Dyer

오늘 하루 수고한 나에게 한마디

오늘은 몇 점짜리 하루였나요?

DATE . .

1	2	3	4	5	6	7	8	9	10

"오늘 내가 감사로 채우는 모든 것이 내일을 더욱 행복하게 만들어줄 것이다."

힘든 날 희망이 되어 준 사람은 누구인가요?

살아 있다는 사실에 감사해야 할 이유는 무엇일까요?

누군가의 작은 행동이 큰 의미가 되어 다가왔던 경험이 있나요?

당신이 가진 재능은 무엇인가요?

감사는 새로운 것들이 들어설 공간을 만들어내며
치유와 기적이 발생할 가능성을 만들어낸다.

팸 그라우트Pam Grout

오늘 하루 수고한 나에게 한마디

오늘은 몇 점짜리 하루였나요?

DATE . .

1	2	3	4	5	6	7	8	9	10

"나는 미소를 띠며 과거를 돌아보고,
희망을 품으며 미래를 바라본다."

날마다 당신에게 희망을 주는 것,
당신이 신뢰하는 것은 무엇인가요?

딱 맞는 시기, 딱 맞는 장소에 있다고
느끼는 순간은 언제인가요?

당신의 삶을 의미 있게 만드는 것은 무엇인가요?

지금 살아 있어서 얻는 가장 큰 혜택은 무엇인가요?

매일 아침 하루를 시작하기 위해 커튼을 열면 나의 가슴은 감사로 부푼다. 또 하루의 기회를 얻었기 때문이다.

오프라 윈프리Oprah Winfrey

오늘 하루 수고한 나에게 한마디

DATE . .

오늘은 몇 점짜리 하루였나요?

1 2 3 4 5 6 7 8 9 10

"삶은 아주 작은 기적의 연속이다.
오늘 나는 그 모든 기적에 주목하고 감사하기로 했다."

당신에게 영감을 주는 것은 무엇인가요?

다른 사람들은 어려워하지만,
당신만은 쉽게 선택할 수 있는 것이 있나요?

고맙다고 말해주고 싶은 사람이 있나요?
그 사람에게 고마운 이유도 함께 적어보아요.

오늘 하루를 좋은 날로 만들어준 사람 또는 사물은 무엇인가요?

감사하기 시작하면 싸움은 끝난다.

닐 도널드 월쉬Neale Donald Walsch

오늘 하루 수고한 나에게 한마디

오늘은 몇 점짜리 하루였나요?

DATE . .

| 1 | 2 | 3 | 4 | 5 | 6 | 7 | 8 | 9 | 10 |

"감사하는 마음 덕에 지금까지 원하는 삶을 비교적 쉽게 이룰 수 있었다."

당신에게 희망을 주는 말이나 행동은 무엇인가요?

오늘 멋진 하루를 보낼 수 있었던 이유는 무엇인가요?

늘 갖길 원하던 것 중에 지금 이미 가진 것이 있나요?

최근 새롭게 얻은 기회가 있나요?
앞으로 그 기회를 어떻게 활용할 생각인가요?

세상에는 감사할 것들이 무척 많다.
그저 눈을 활짝 뜨고 주위를 둘러보기만 하면 된다.
무명

오늘 하루 수고한 나에게 한마디

DATE . .

오늘은 몇 점짜리 하루였나요?

1	2	3	4	5	6	7	8	9	10

"나는 충분히 가졌고 만족한다."

어제는 그냥 지나쳤지만,
오늘 아주 멋지게 보였던 것이 있나요?

당신의 삶을 기쁘게 하는 것에는 무엇이 있나요?

존재만으로도 삶을 더 좋게 만들어주는 사람이 있나요?
그 사람과의 추억 한 가지를 이야기해보아요.

소중히 여기는 기억이 있나요?
어떤 일인지, 그 기억이 특별해진 이유는 무엇인지 떠올려보아요.

어제는 잊어라. 어제는 이미 당신을 잊었다.
내일을 걱정하지 마라. 아직 내일과 마주치지도 않았다.
대신 귀한 선물인 오늘에 눈과 마음을 열어라.

스티브 마라볼리Steve Maraboli

오늘 하루 수고한 나에게 한마디

오늘은 몇 점짜리 하루였나요?

DATE . .

1	2	3	4	5	6	7	8	9	10

"내게 필요한 영감, 해법, 통찰력은
언제나 내가 있는 바로 이곳에 있다."

오늘 하루를 행복하게 보낼 수 있었던 이유는 무엇인가요?

늘 갖길 원하던 것 중에 지금 이미 가진 것이 있나요?

당신의 삶을 더욱 편하고 행복하게 해주는
사람, 장소, 물건은 무엇인가요?

당신의 장점은 무엇인가요?

원하는 것을 다 가지는 비법은
우선 당신이 지금 하고 있는 일을 정확히 파악하는 것이다.
무명

오늘 하루 수고한 나에게 한마디

DATE . .

오늘은 몇 점짜리 하루였나요?

1	2	3	4	5	6	7	8	9	10

"사랑은 내가 있는 곳 어디에나 있다."

'내가 나여서 다행이다'라고 생각한 적이 있나요?
그 이유는 무엇인가요?

존재만으로도 삶을 더 좋게 만들어주는 사람이 있나요?
그 사람과의 추억 한 가지를 이야기해보아요.

제일 좋아하는 친구는 누구인가요?
그 친구의 장점을 적어보아요.

단지 꿈만 꾸다가 드디어 얻은 기회가 있나요?
그것을 꿈꾸게 된 계기는 무엇인가요?

모든 것에 감사하라.
그중에도 평안한 상태, 당신의 삶, 당신 자신에게 감사하라.
무명

오늘 하루 수고한 나에게 한마디

DATE . .

오늘은 몇 점짜리 하루였나요?

1 2 3 4 5 6 7 8 9 10

"나는 할 수 있다."

오늘 하루 중 기대한 것보다 훨씬 잘 풀린 일이 있나요?

지금 가장 감사한 일은 무엇인가요?

삶의 가치를 느끼게 해주는 것은 무엇인가요?

오늘 이 자리에 있기까지 도움을 준 사람들은 누구인가요?
어떤 도움을 받았나요?

감사하는 순간 삶을 대하는 당신의 태도가 달라질 것이다.

브루스 윌킨슨Bruce Wilkinson

오늘 하루 수고한 나에게 한마디

오늘은 몇 점짜리 하루였나요?

DATE . .

1	2	3	4	5	6	7	8	9	10

"나는 감사할 때의 느낌이 너무나 좋다.
그러니 계속해서 감사하기로 선택한다."

인생의 경이로움을 상기시키는 장면, 소리
또는 느낌에 대해 기록해보아요.

현재 삶에서 기대한 것보다 더 잘된 일이 있다면 무엇인가요?

당신이 더 나은 사람으로 성장하는 데 도움이 된 도전이 있나요?

오늘 함께 시간을 보낸 사람은 누구인가요?

감사는 마음의 평화와 내면의 행복을 찾는 기분 좋은 지름길이다.
세상이 어떻든 우리에게는 언제나 감사할 일이 있다.

베리 닐 코프만Barry Neil Kaufman

오늘 하루 수고한 나에게 한마디

오늘은 몇 점짜리 하루였나요?

DATE . .

1	2	3	4	5	6	7	8	9	10

"나는 독특한 재주와 능력이라는 축복을 받았다.
오늘도 그것들을 가치 있게 사용하고자 한다."

오늘 당신이 미소 지을 수 있었던 이유는 무엇인가요?

어려운 상황에서 직접 배운 교훈이 있나요?
그중 한 가지를 떠올려보아요.

지금 잘되고 있는 일이 있나요?
더 바라는 것은 무엇인가요?

당신이 삶을 더욱 사랑하도록 만드는 것에는 무엇이 있나요?

꽃을 보고자 하는 사람에게는 언제나 꽃이 보인다.

앙리 마티스Henri Matisse

오늘 하루 수고한 나에게 한마디

오늘은 몇 점짜리 하루였나요?

DATE . .

1	2	3	4	5	6	7	8	9	10

"나는 매 순간 내 삶을 사랑하는 방법을 배우고 있다."

오늘 하루 중 가장 좋았던 일은 무엇인가요?

살아 있다는 사실에 감사해야 할 이유는 무엇일까요?

원하는 삶을 얻기 위해
지금 내가 해야 할 일은 무엇인지 생각해보아요.

힘든 날 희망이 되어 준 사람은 누구인가요?

사는 동안 우리는 두 갈래의 길 중 하나를 선택한다.
언젠가 올 특별한 날을 기다리거나, 매일을 특별한 날처럼 기념하거나.

레쉬드 오군라루Rasheed Ogunlaru

오늘 하루 수고한 나에게 한마디

오늘은 몇 점짜리 하루였나요?

DATE . .

1	2	3	4	5	6	7	8	9	10

**"나는 과거와 화해했고, 현재에 깊이 만족하며,
기쁜 마음으로 미래를 기대한다."**

내일을 기대하게 하는 멋진 계획을 세워보아요.

날마다 당신에게 희망을 주는 것,
당신이 신뢰하는 것은 무엇인가요?

지금까지 당연하다고 여기며 받았던 특혜는 무엇인가요?

실패했지만 멋지게 극복한 경험을 이야기해보아요.

가진 것에 만족하고 지금의 형편에 기뻐하라.
부족한 것이 없다는 사실을 깨달을 때, 온 세상이 당신의 것이 된다.
노자

오늘 하루 수고한 나에게 한마디

오늘은 몇 점짜리 하루였나요?

DATE . .

1	2	3	4	5	6	7	8	9	10

"지금의 나는 내가 지금껏 선택한 것들의 결과다.
때문에 나는 계속해서 좋은 선택을 할 수 있다."

오늘 하루 중 가장 좋았던 일은 무엇인가요?

당신을 아이처럼 웃게 만드는 것은 무엇인가요?
왜 그것을 좋아하게 되었나요?

당신에게 주어진 두 번째 기회는 무엇인가요?

당신에게 영감을 주는 것은 무엇인가요?

부족함 없이 가졌다면 필요한 모든 것을 가진 셈이다.

무명의 불교 격언

오늘 하루 수고한 나에게 한마디

오늘은 몇 점짜리 하루였나요?

DATE . .

1	2	3	4	5	6	7	8	9	10

"나는 나의 내면을 사랑한다."

값진 것을 가르쳐준 소중한 경험이 있나요?
그로부터 무엇을 배웠나요?

당신의 장점은 무엇인가요?

딱 맞는 시기, 딱 맞는 장소에 있다고
느끼는 순간은 언제인가요?

살아 있다는 사실에 감사해야 할 이유는 무엇일까요?

당신이 더 많이 보고 싶은 것을 칭찬하라.

톰 피터스Tom Peters

오늘 하루 수고한 나에게 한마디

오늘은 몇 점짜리 하루였나요?

DATE . .

1	2	3	4	5	6	7	8	9	10

"지금 이 순간 모든 것이 문제 없이 잘 진행되고 있다."

오늘 하루를 좋은 날로 만들어준 사람 또는 사물은 무엇인가요?

삶이 긍정적인 방향으로 풀리고 있음을
확인시켜준 일은 무엇인가요?

누군가의 작은 행동이 큰 의미가 되어 다가왔던 경험이 있나요?

고맙다고 말해주고 싶은 사람이 있나요?
그 사람에게 고마운 이유도 함께 적어보아요.

삶에서 정말 중요한 것은, 상황을 당연히 여기는지
혹은 감사히 여기는지 그 태도의 차이에 있다.

G. K. 체스터턴G. K. Chesterton

오늘 하루 수고한 나에게 한마디

오늘은 몇 점짜리 하루였나요?

DATE . .

1	2	3	4	5	6	7	8	9	10

"나는 자연스러운 행복과 내면의 평화를 누리며 산다."

당신의 삶을 의미 있게 만드는 것은 무엇인가요?

당신이 가진 재능은 무엇인가요?

다른 사람들은 어려워하지만,
당신만은 쉽게 선택할 수 있는 것이 있나요?

지금 살아 있어서 얻는 가장 큰 혜택은 무엇인가요?

아름다운 산과 들, 눈부신 하늘과 고요한 호수…….
이러한 것들은 이미 충분하다.
세상이 더 필요로 하는 것은 이것에 감사를 느끼고 즐거워하는 사람들이다.

마이클 조셉슨Michael Josephson

오늘 하루 수고한 나에게 한마디

오늘은 몇 점짜리 하루였나요?

DATE . .

1	2	3	4	5	6	7	8	9	10

"나는 날마다 살아 있다는 사실에 감사를 느낀다."

이번 주 중 살아 있다는 느낌이
충만하게 들었던 순간이 있다면 언제인가요?

평소 필요했던 것 중에 오늘 충족된 것이 있나요?

당신의 삶이 이미 멋진 이유는 무엇인가요?

삶을 더욱 즐겁게 만들어주는 사람이 있나요?
그 사람은 어떤 장점을 갖고 있나요?

우리는 오직 마음으로 우리 자신의 보물을 의식하는 순간에만 살아 있다.

손턴 와일더Thornton Wilder

오늘 하루 수고한 나에게 한마디

DATE . .

오늘은 몇 점짜리 하루였나요?

1	2	3	4	5	6	7	8	9	10

"오늘도 내 주변에는 기회의 문이 가득하다.
그 문들은 내가 다가와 자신을 열기만을 기다리고 있다."

당신에게 큰 이득을 가져다주는 기술은 무엇인가요?

당신이 소중히 여기는 사소한 기쁨을 소개해보아요.

오늘 하루 중 가장 좋았던 일은 무엇인가요?

평생 잊을 수 없는 소중한 기억이 있나요?
어떤 일이었는지 이야기해보아요.

삶이 즐거울 때는 감사하고 기뻐하라.
만약 삶이 고통스럽더라도 감사하며 성장하라.

쇼나 니퀴스트Shauna Niequist

오늘 하루 수고한 나에게 한마디

DATE . .

오늘은 몇 점짜리 하루였나요?

1	2	3	4	5	6	7	8	9	10

"내게 닥치는 문제와 도전은 단지 축복의 한 형태일 뿐이다."

매년 이맘때를 소중히 여기게 된 이유가 있나요?

지금까지 당연하게 여기며
누렸던 자유에는 무엇이 있을까요?

소속된 모임이나 공동체가 있나요?
그곳의 가장 좋은 점은 무엇인가요?

누군가의 작은 행동이 큰 의미가 되어 다가왔던 경험이 있나요?

삶에서 일어나는 모든 일을 전적으로 사랑하라.

폴 캔탈루포Paul Cantalupo

오늘 하루 수고한 나에게 한마디

오늘은 몇 점짜리 하루였나요?

DATE . .

1	2	3	4	5	6	7	8	9	10

"내 삶은 날마다 크고 작은 좋은 일들로 채워진다."

어려운 대화를 통해 얻은 값진 교훈을 한 가지 말해보아요.

최근에 당신의 앞에 열린 새로운 기회는 무엇인가요?
어떤 계기로 기회를 얻게 되었나요?

당신의 삶을 의미 있게 만드는 것은 무엇인가요?

당신의 삶에서 절대로 바뀌지 않을 요소가 있다면 무엇인가요?
예를 들어 좋아하는 영화, 가장 좋았던 여행지 같은 것들이요.

기쁨은 삶에 반응하는 태도에 관한 용감한 결단이다.

웨스 스태포드Wess Stafford

오늘 하루 수고한 나에게 한마디

오늘은 몇 점짜리 하루였나요?

DATE . .

1	2	3	4	5	6	7	8	9	10

"인생은 내가 필요로 하는 모든 것을 필요한 때에 자연스럽고 막힘없이 가져다준다."

지금 가장 감사한 일은 무엇인가요?

단지 꿈만 꾸다가 드디어 얻은 기회가 있나요?
그것을 꿈꾸게 된 계기는 무엇인가요?

최근의 일 중 축하하고 싶은 것이 있나요?

오늘의 당신이 있기까지 도와준 이들 중
한 명에 대해 이야기해보아요.

감사는 하루를 즐겁게 하며 더 나아가 인생도 바꿀 수 있다.

마거릿 커즌스Margaret Cousins

오늘 하루 수고한 나에게 한마디

오늘은 몇 점짜리 하루였나요?

DATE . .

1	2	3	4	5	6	7	8	9	10

"나는 더 나은 사람으로,
그리고 좋은 친구이자 사회의 일원으로 계속 발전한다."

지금까지 당연하다고 여기며 받았던 특혜는 무엇인가요?

오늘 하루 중 가장 행복했던 순간은 언제인가요?

실패했지만 멋지게 극복한 경험을 이야기해보아요.

당신에게 주어진 두 번째 기회는 무엇인가요?

감사는 영혼에 기쁨의 불을 붙이는 불꽃이며,
행복을 일으키는 강력한 기폭제다.

에이미 콜레트Amy Collette

오늘 하루 수고한 나에게 한마디

DATE . .

오늘은 몇 점짜리 하루였나요?

1	2	3	4	5	6	7	8	9	10

"오늘 나는 내가 통제할 수 있는 것에 집중하고 나머지에는 기운을 쏟지 않는다."

누군가의 작은 행동이 큰 의미가 되어 다가왔던 경험이 있나요?

오늘 고마웠던 사람이 있나요?
그 사람에게 어떤 도움을 받았나요?

삶이 긍정적인 방향으로 풀리고 있음을
확인시켜준 일은 무엇인가요?

당신의 삶에서 가장 의미 있는 것은 무엇인가요?

인생이 꼭 완벽할 필요는 없다.

애넷 푸니셀로Annette Funicello

오늘 하루 수고한 나에게 한마디

오늘은 몇 점짜리 하루였나요?

DATE . .

1	2	3	4	5	6	7	8	9	10

"나는 오늘을 좋은 날로 만드는 데 필요한 모든 것을 이미 갖고 있다."

늘 하고 싶어 하다가 오늘 드디어 하게 된 일이 있나요?

지금 행복해야 할 이유를 떠올려보아요.

소중히 여기는 기억이 있나요?
어떤 일인지, 그 기억이 특별해진 이유는 무엇인지 떠올려보아요.

'내가 나여서 다행이다'라고 생각한 적이 있나요?
그 이유는 무엇인가요?

도로에 팬 구멍을 걱정하지 말고 여정을 즐겨라.

밥스 호프만Babs Hoffman

오늘 하루 수고한 나에게 한마디

DATE . .

오늘은 몇 점짜리 하루였나요?

1	2	3	4	5	6	7	8	9	10

"가진 것에 감사하는 것과 원하는 일을 하는 것,
나는 이 두 가지를 균형 있게 해내고 있다."

늘 갖길 원하던 것 중에 지금 이미 가진 것이 있나요?

최근 당신의 앞에 열린 새로운 기회는 무엇인가요?
어떤 계기로 기회를 얻게 되었나요?

당신의 삶을 더욱 편하고 행복하게 해주는
사람 또는 장소, 물건은 무엇인가요?

존재만으로도 삶을 더 좋게 만들어주는 사람이 있나요?
그 사람과의 추억 한 가지를 이야기해보아요.

인생에서 가장 좋은 점은
매일 아침 더욱 행복한 내가 될 기회가 생긴다는 것이다.
켈리 피즈Kelli Pease

오늘 하루 수고한 나에게 한마디

오늘은 몇 점짜리 하루였나요?

1	2	3	4	5	6	7	8	9	10

"오늘 하루에서 기쁜 순간과 의미를 찾는 일은 쉽다."

삶의 아름다움을 상기시키는 것들에 대해 이야기해보아요.

기대한 것보다 실제가 더 나았던 것이 있나요?

힘들었지만 당신이 더욱 성장하는 데에
도움이 된 경험은 무엇인가요?

오늘 함께 시간을 보낸 사람은 누구인가요?

바르게 본다면 온 세상이 아름다운 정원임을 알 수 있다.

프랜시스 호지슨 버넷Frances Hodgson Burnett

오늘 하루 수고한 나에게 한마디

오늘은 몇 점짜리 하루였나요?

DATE . .

1	2	3	4	5	6	7	8	9	10

"내 삶의 모든 것이 정확하고 완벽하게 펼쳐지고 있다."

지금 미소 지어야 할 이유를 떠올려보아요.

어려운 상황에서 직접 배운 교훈이 있나요?
그중 한 가지를 떠올려보아요.

요즘 가장 사랑하는 것은 무엇인가요? 왜 좋아하게 되었나요?

당신이 삶을 더욱 사랑하도록 만드는 것에는 무엇이 있나요?

원하는 것 때문에 당신이 이미 가진 것들을 잃지 마라.

산치타 판데이Sanchita Pandey

오늘 하루 수고한 나에게 한마디

오늘은 몇 점짜리 하루였나요?

DATE . .

1	2	3	4	5	6	7	8	9	10

"왜 내게 있는 것이 아닌 없는 것에 마음을 쓰는가?"

살아 있는 것이 얼마나 큰 선물인지
상기시키는 것이 있다면 무엇인가요?

원하는 삶을 얻기 위해
지금 내가 해야 할 일은 무엇인지 생각해보아요.

힘든 날 희망이 되어 준 사람은 누구인가요?

오늘 하루 중 기대한 것보다 훨씬 잘 풀린 일이 있나요?

나는 내일이 두렵지 않다. 어제를 보았고 오늘을 사랑하기 때문이다.

윌리엄 앨런 화이트William Allen White

오늘 하루 수고한 나에게 한마디

DATE . .

오늘은 몇 점짜리 하루였나요?

1	2	3	4	5	6	7	8	9	10

"내게 주어진 모든 일에 충분한 시간이 있다.
그러니 서두르지 않겠다."

당신에게 희망을 주는 말이나 행동은 무엇인가요?

지금 당신의 모습에 감사를 느끼는 이유를 적어보아요.

값진 것을 가르쳐준 소중한 경험이 있나요?
그로부터 무엇을 배웠나요?

오늘 이 삶에 감사한 이유를 말해보아요.

감사는 수행자의 삶에서, 그리고 모든 인간의 삶에서 가장 달콤한 것이다.
마음에 감사가 있다면 삶의 아름다움을 포착할 수 있다.

스리 친모이 Sri Chinmoy

오늘 하루 수고한 나에게 한마디

DATE . .

오늘은 몇 점짜리 하루였나요?

1	2	3	4	5	6	7	8	9	10

"원하는 삶을 상상할 때면
이미 살고 있는 내 삶을 더욱 사랑하게 된다."

요즘 당신의 삶에 기쁨을 주는 것들에 대해 이야기해보아요.

당신이 다른 사람들보다 잘할 수 있다고
자부심을 가진 것이 있다면 무엇인가요?

오늘 남들과 다른 선택을 내린 일이 있나요? 어떤 이유였나요?

오늘 살아 있어서 다행이라고 느낀 순간이 있나요?

우리는 결코 앞일을 알 수 없다.
하지만 그럼에도 인생은 여전히 아름답다.

크리스티나 볼드윈Christina Baldwin

오늘 하루 수고한 나에게 한마디

DATE . .

오늘은 몇 점짜리 하루였나요?

1	2	3	4	5	6	7	8	9	10

"선택지로 가득한 이 세상에서
나는 늘 좋은 면을 보기로 선택한다."

딱 맞는 시기, 딱 맞는 장소에 있다고
느끼는 순간은 언제인가요?

어제는 그냥 지나쳤지만,
오늘 아주 멋지게 보였던 것이 있나요?

오늘 당신에게 영감을 준 것은 무엇인가요?

좋아하는 친구의 장점을 이야기해보아요.

비록 당장은 상황이 마음대로 흘러가지 않더라도
감사가 있는 곳에는 반드시 행복과 평화에 대한 깨달음이 있다.

아리아나 허핑턴 Arianna Huffington

오늘 하루 수고한 나에게 한마디

오늘은 몇 점짜리 하루였나요?

DATE . .

1	2	3	4	5	6	7	8	9	10

"나는 나의 수많은 장점을 인정하고,
그것을 다른 사람들과 나눈다."

살면서 바랐던 것보다 훨씬 좋게 풀린 일이 있었나요?

삶의 가치를 느끼게 해주는 것은 무엇인가요?

당신을 아이처럼 웃게 만드는 것은 무엇인가요?
왜 그것을 좋아하게 되었나요?

오늘 하루 중 기대한 것보다 훨씬 잘 풀린 일이 있나요?

자신의 마음을 들여다볼 수 있게 되면 시야가 명확해진다.
외면을 보는 사람은 꿈을 꾸고, 내면을 보는 사람은 깨어난다.

칼 융Carl Jung

오늘 하루 수고한 나에게 한마디

DATE . .

오늘은 몇 점짜리 하루였나요?

1	2	3	4	5	6	7	8	9	10

"매 순간 감사하면 행복을 찾는 일이 더욱 쉬워진다."

지금 일어나고 있는 일 중에 기대했던 것보다
더 좋은 것이 있다면 무엇인가요?

힘들었지만 당신이 성장하는 데에
도움이 된 경험은 무엇인가요?

오늘 함께 시간을 보낸 사람은 누구인가요?

지금 미소 지어야 할 이유를 떠올려보아요.

좋은 면에 집중하면 좋은 것이 훨씬 더 좋아진다.

에이브러햄 힉스Abraham Hicks

오늘 하루 수고한 나에게 한마디

오늘은 몇 점짜리 하루였나요?

DATE . .

1	2	3	4	5	6	7	8	9	10

"사람들, 경험, 일에 감사하는 것은
나에게 있어 보통의 일상이다."

실패했지만 멋지게 극복한 경험을 이야기해보아요.

당신을 아이처럼 웃게 만드는 것은 무엇인가요?
왜 그것을 좋아하게 되었나요?

당신에게 주어진 두 번째 기회는 무엇인가요?

당신에게 영감을 주는 것은 무엇인가요?

과거가 후회스럽거나 굉장하다고 해서, 또는 현재가 좋거나 나쁘다고 해서
미래가 대단할 거라고 성급히 판단하지 마라. 지금에 만족하라.

나즈완 제비안Najwa Zebian

오늘 하루 수고한 나에게 한마디

DATE . .

오늘은 몇 점짜리 하루였나요?

1	2	3	4	5	6	7	8	9	10

"나는 옛 습관을 버리고
새로운 시각과 신선한 아이디어를 받아들인다."

지금 행복해야 할 이유를 떠올려보아요.

평생 잊을 수 없는 소중한 기억이 있나요?
어떤 일이었는지 이야기해보아요.

늘 갖길 원하던 것 중에 지금 이미 가진 것이 있나요?

최근 당신의 앞에 열린 새로운 기회는 무엇인가요?
어떤 계기로 기회를 얻게 되었나요?

가진 것에 감사하라. 그러면 더 많이 갖게 될 것이다.
갖지 못한 것에 집중하면 절대로 풍족해질 수 없다.

오프라 윈프리Oprah Winfrey

오늘 하루 수고한 나에게 한마디

오늘은 몇 점짜리 하루였나요?

DATE . .

1	2	3	4	5	6	7	8	9	10

"무슨 일이 생기든 나는 언제나 괜찮을 것이다."

오늘의 당신이 있기까지 도와준 이들 중
한 명에 대해 이야기해보아요.

삶이 소중하고 놀라운 것임을 상기시키는 요소는 무엇인가요?

기대했던 것보다 훨씬 좋은 것이 있다면 무엇인가요?

지금 미소 지어야 할 이유를 떠올려보아요.

행복을 찾으려 비범한 순간을 쫓을 필요는 없다.
매사에 감사하고 주의를 기울인다면 행복은 바로 우리 앞에 있을 것이다.

브레네 브라운Brené Brown

오늘 하루 수고한 나에게 한마디

오늘은 몇 점짜리 하루였나요?

DATE . .

1	2	3	4	5	6	7	8	9	10

"바로 지금이 나의 시대다. 나는 그간 밟아 온
한 걸음 한 걸음과 실수를 통해 이 자리까지 왔다."

힘든 날 희망이 되어 준 사람은 누구인가요?

당신이 가진 능력 중 삶에 큰 도움이 되는 것은 무엇인가요?

소속된 모임이나 공동체가 있나요?
그곳의 가장 좋은 점은 무엇인가요?

존재만으로도 삶을 더 좋게 만들어주는 사람이 있나요?
그 사람과의 추억 한 가지를 이야기해보아요.

감사가 풍경을 바꿔주지는 않는다.
단지 우리 앞의 유리를 깨끗이 닦아 더 선명히 볼 수 있게 해줄 뿐이다.

리첼 E. 굿리치Richell E. Goodrich

오늘 하루 수고한 나에게 한마디

오늘은 몇 점짜리 하루였나요?

DATE . .

1	2	3	4	5	6	7	8	9	10

**"내가 모든 일을 통제할 수는 없지만,
그것을 내면에서 이해하고 다스리는 방식은 통제할 수 있다."**

✧

내일이 기대되는 이유는 무엇인가요?

✧

당신 스스로를 사랑해 마지않을 이유는 무엇인가요?

늘 갖길 원하던 것 중에 지금 이미 가진 것이 있나요?

최근 당신의 앞에 열린 새로운 기회는 무엇인가요?
어떤 계기로 기회를 얻게 되었나요?

매일 아침 눈을 뜰 때마다 당신 앞에는 두 개의 선택지가 놓인다.
긍정적이거나 부정적이거나, 낙관론자가 되거나 비관론자가 되거나.
나는 그중 낙관론자가 되는 것을 선택하겠다.

하비 맥케이Harvey Mackay

오늘 하루 수고한 나에게 한마디

DATE . .

오늘은 몇 점짜리 하루였나요?

1	2	3	4	5	6	7	8	9	10

"나는 오늘부터 좋은 일이 시작되리란 걸 알고 있다."

지금 가장 감사한 일은 무엇인가요?

이 순간 축하하고 싶은 일이 있나요?

오늘 당신에게 주어진 기회는 무엇인가요?

오늘의 당신이 있기까지 도와준 이들 중
한 명에 대해 이야기해보아요.

감사할 일은 언제나 있다.
난데없이 폭우가 쏟아져 당신의 하루를 망친다 해도
그 비로 인해 생명이 꽃을 피우므로 넘칠 듯 감사한 일이다.

제프 포스터Jeff Foster

오늘 하루 수고한 나에게 한마디

오늘은 몇 점짜리 하루였나요?

DATE . .

1	2	3	4	5	6	7	8	9	10

"모든 일에는 이유와 때가 있다.
나는 내 삶의 그 무엇도 유감이라고 생각하지 않는다."

살아 있어서 참 다행이라고 느낄 때가 있나요?

지금 바로 원하는 삶을 이룰 방법이 있다면 무엇일까요?

힘든 날 희망이 되어 준 사람은 누구인가요?

당신에게 주어진 두 번째 기회는 무엇인가요?

우리는 부정적인 것, 잘못된 것을 너무 많이 생각하며 산다.
다르게, 즉 긍정적으로 사고해보는 건 어떨까?

틱낫한Thich Nhat Hanh

오늘 하루 수고한 나에게 한마디

오늘은 몇 점짜리 하루였나요?

DATE . .

1	2	3	4	5	6	7	8	9	10

"나는 나를 기분을 좋게 하는
사람, 장소, 대화로 내 삶을 채운다."

오늘의 당신에게 감사한 마음을 전해보아요.

오늘 이 삶에 감사한 이유를 말해보아요.

딱 맞는 시기, 딱 맞는 장소에 있다고
느끼는 순간은 언제인가요?

어제는 그냥 지나쳤지만,
오늘 아주 멋지게 보였던 것이 있나요?

아침에 일어나면 빛과 생명, 그리고 당신의 힘에 감사하라.
감사해야 할 일을 발견하지 못하는 것은 당신의 잘못이다.

테쿰세Tecumseh

오늘 하루 수고한 나에게 한마디

DATE . .

오늘은 몇 점짜리 하루였나요?

1	2	3	4	5	6	7	8	9	10

"세상에는 감사해야 할 멋진 이유가 아주 많다."

당신이 타고난 것은 무엇인가요?
그것에 감사한 마음을 적어보아요.

오늘 살아 있어서 다행이라고 느낀 순간이 있나요?

다른 사람들은 어려워하지만,
당신만은 쉽게 선택할 수 있는 것이 있나요?

이번 주 중 살아 있다는 느낌이
충만하게 들었던 순간이 있다면 언제인가요?

어떤 사람들은 장미에 가시가 있다고 불평하지만,
나는 가시 사이에 장미가 있음에 감사한다.

장바티스트 알퐁스 카Jean-Baptiste Alphonse Karr

오늘 하루 수고한 나에게 한마디

DATE . .

오늘은 몇 점짜리 하루였나요?

1	2	3	4	5	6	7	8	9	10

"나는 '지금의 나'와 '되길 원하는 나' 사이에서 성장한다."

오늘 멋진 하루를 보낼 수 있었던 이유는 무엇인가요?

당신의 삶에서 절대로 바뀌지 않을 요소가 있다면 무엇인가요?
예를 들어 좋아하는 영화, 가장 좋았던 여행지 같은 것들이요.

지금 미소 지어야 할 이유를 떠올려보아요.

늘 갖길 원하던 것 중에 최근 갖게 된 것이 있나요?

매일 옷을 고르듯 생각을 고르는 법을 배워야 한다.
당신은 이 힘을 키울 수 있다.

엘리자베스 길버트Elizabeth Gilbert

오늘 하루 수고한 나에게 한마디

오늘은 몇 점짜리 하루였나요?

DATE . .

1	2	3	4	5	6	7	8	9	10

"나는 웃음소리나 친구의 부름, 얼굴을 간질이는 따스한 햇살처럼 작은 것들에 감사하는 일이 쉽다."

딱 맞는 시기, 딱 맞는 장소에 있다고 느끼는 순간은 언제인가요?

내일이 기대되는 이유는 무엇인가요?

오늘 일어난 일 중 앞으로 잊을 수 없이
소중해질 기억은 무엇인가요?

제일 친한 친구의 장점 한 가지를 적어보아요.

나는 과거의 나도, 현재의 나도 받아들이고 사랑한다.
또한 미래의 나 역시 받아들이고 사랑할 것이다.
프랜시스 캐넌Frances Cannon

오늘 하루 수고한 나에게 한마디

오늘은 몇 점짜리 하루였나요?

DATE . .

1	2	3	4	5	6	7	8	9	10

"평정과 맑음과 평화.
모두 내 삶의 자연스러운 일부이다."

소속된 모임이나 공동체가 있나요?
그곳의 가장 좋은 점은 무엇인가요?

오늘 하루 중 기대한 것보다 훨씬 잘 풀린 일이 있나요?

당신의 삶에서 절대로 바뀌지 않을 요소가 있다면 무엇인가요?
예를 들어 좋아하는 영화, 가장 좋았던 여행지 같은 것들이요.

최근 당신의 앞에 열린 새로운 기회는 무엇인가요?
어떤 계기로 기회를 얻게 되었나요?

지금 이 순간 행복을 느껴라. 이 순간이 바로 당신의 삶이다.

오마르 하이얌Omar Khayyam

오늘 하루 수고한 나에게 한마디

오늘은 몇 점짜리 하루였나요?

DATE . .

1	2	3	4	5	6	7	8	9	10

"나의 마음은 열려 있고 평화로우며 모든 것이 만족스럽다."

삶이 소중하고 놀라운 것임을 상기시키는 요소는 무엇인가요?

오늘 하루 중 기대한 것보다 훨씬 잘 풀린 일이 있나요?

힘들었지만 당신이 더욱 성장하는 데에
도움이 된 경험은 무엇인가요?

오늘 함께 시간을 보낸 사람은 누구인가요?

**감사는 과거를 이해하게 하고, 오늘에 평화를 가져다주며,
내일을 위한 비전을 창조한다.**

멜로디 비에티Melody Beattie

오늘 하루 수고한 나에게 한마디

오늘은 몇 점짜리 하루였나요?

DATE . .

1	2	3	4	5	6	7	8	9	10

"나는 실수 역시 경험이라 여기기로 다짐했다."

오늘 하루 중 가장 행복했던 순간은 언제인가요?

지금까지 당연하다고 여기며 받았던 특혜는 무엇인가요?

오늘 당신에게 긍정적인 느낌을 준
누군가의 말이나 행동은 무엇인가요?

오늘 벌어진 사소한 실수가 있나요?
그것을 해결하고 돌파한 경험에 대해 이야기해보아요.

우리는 불평이라는 가장 큰 중독에 빠져 있다.
그 버릇을 버려야 한다. 언제나 기쁜 일에 대해 말하라.

리타 시아노Rita Schiano

오늘 하루 수고한 나에게 한마디

DATE . .

오늘은 몇 점짜리 하루였나요?

1	2	3	4	5	6	7	8	9	10

"오늘은 남은 생의 첫날이다."

오늘 이 삶에 감사한 이유를 말해보아요.

오늘 하루 중 '타이밍이 좋다'라고 느낀 순간은 언제인가요?

어제는 그냥 지나쳤지만, 오늘 아주 멋지게 보인 것이 있나요?

오늘 살아 있어서 다행이라고 느낀 순간이 있나요?

때로는 가장 좋은 것들이 바로 당신 앞에 놓여 있을 지도 모른다.
단지 그 사실을 알아차리는 데 시간이 좀 걸릴 뿐이다.

글래디스 나이트Gladys Knight

오늘 하루 수고한 나에게 한마디

오늘은 몇 점짜리 하루였나요?

DATE . .

1	2	3	4	5	6	7	8	9	10

“나는 배움의 과정에서 발생하는 위험을 감수할 것이며, 실수하고 넘어지더라도 기꺼이 다시 일어날 것이다.”

오늘 당신의 하루를 더욱 안락하고 행복하게 해준 사람, 장소, 물건은 무엇인가요?

오늘 함께 시간을 보낸 사람은 누구인가요? 그 사람의 장점은 무엇인지 생각해보아요.

지금 가장 감사한 일은 무엇인가요?

단지 꿈만 꾸다가 드디어 얻은 기회가 있나요?
그것을 꿈꾸게 된 계기는 무엇인가요?

당신의 꿈을 보호하는 데 필요한 것은 바로 집이다.
내일도, 내년도 아닌 바로 지금 필요하다.

세라 본 브래넉Sarah Ban Breathnach

오늘 하루 수고한 나에게 한마디

오늘은 몇 점짜리 하루였나요?

DATE . .

1	2	3	4	5	6	7	8	9	10

"내 삶은 항상 더 좋아진다. 나는 항상 더 나아진다."

최근의 일 중 축하하고 싶은 것이 있나요?

오늘의 당신이 있기까지 도와준 이들 중
한 명에 대해 이야기해보아요.

오늘이 특별한 이유는 무엇인가요?

기대한 것보다 실제가 더 나았던 것이 있나요?

**나는 내가 이곳에 있으며, 생각할 수 있고, 볼 수 있고,
맛볼 수 있고, 사랑을 인식할 수 있음에 감사한다.
그리고 내가 존재함을 안다는 것에 감사한다.**

마야 안젤루Maya Angelou

오늘 하루 수고한 나에게 한마디

오늘은 몇 점짜리 하루였나요?

DATE . .

1	2	3	4	5	6	7	8	9	10

"기쁨은 내가 보려고 한다면 어디에나 있다."

오늘 함께 시간을 보낸 사람은 누구인가요?

지금 미소 지어야 할 이유를 떠올려보아요.

어려운 상황에서 직접 배운 교훈이 있나요?
그중 한 가지를 떠올려보아요.

오늘 하루 중 기대한 것보다 훨씬 잘 풀린 일이 있나요?

**나는 지난날 겪은 배신과 고통, 도전들에 감사한다.
그것들로 인해 내 마음은 괴로웠지만, 또한 그것들이 나를 빚었다.**

스티브 마라볼리Steve Maraboli

오늘 하루 수고한 나에게 한마디

DATE . .

오늘은 몇 점짜리 하루였나요?

1	2	3	4	5	6	7	8	9	10

"내 삶은 윤택하고, 하루하루 미소 지어야 할 이유로 가득하다."

살아 있는 것이 얼마나 큰 선물인지
상기시키는 것이 있다면 무엇인가요?

지금 바로 원하는 삶을 이룰 방법이 있다면 무엇일까요?

오늘 당신을 북돋아준 사람은 누구인가요?

지금까지 당연하다고 여기며 받았던 특혜는 무엇인가요?

나는 완벽해지기에는 흠이 너무나 많은 사람이지만,
지금껏 헤아릴 수 없을 만큼 많은 축복을 받아 감사하지 않을 수가 없다.

무명

오늘 하루 수고한 나에게 한마디

오늘은 몇 점짜리 하루였나요?

DATE . .

1	2	3	4	5	6	7	8	9	10

"잠시 멈춰 서서 주변을 둘러보면 상황이 생각보다 좋게 돌아가고 있음을 알 수 있다."

오늘의 당신에게 감사한 마음을 전해보아요.

당신을 아이처럼 웃게 만드는 것은 무엇인가요?
왜 그것을 좋아하게 되었나요?

오늘 당신에게 영감을 준 것은 무엇인가요?

누군가의 행동이 큰 의미가 되어 다가왔던 경험이 있나요?

감사는 성공적이고 충만한 삶을 사는 데 가장 중요한,
그리고 유일한 요소다.

잭 캔필드Jack Canfield

오늘 하루 수고한 나에게 한마디

DATE . .

오늘은 몇 점짜리 하루였나요?

1	2	3	4	5	6	7	8	9	10

"나는 다른 사람들에게서 최선을 본다.
그리고 그들도 내게서 최선을 보고 그것을 이끌어낸다."

고맙다고 말해주고 싶은 사람이 있나요?
그 사람에게 고마운 이유도 함께 적어보아요.

삶이 긍정적인 방향으로 풀리고 있음을
확인시켜준 일은 무엇인가요?

당신의 삶을 의미 있게 만드는 것은 무엇인가요?

다른 사람들은 어려워하지만,
당신만은 쉽게 선택할 수 있는 것이 있나요?

'만트라(matra)'는 감사를 뜻한다.
계속 감사를 말하라. 설명하거나 불평하지 마라.
그저 감사하다고 말하고 존재에 감사하라.

무지Mooji

오늘 하루 수고한 나에게 한마디

오늘은 몇 점짜리 하루였나요?

DATE . .

1	2	3	4	5	6	7	8	9	10

"상황이 아무리 힘들더라도 나는 언제나 다른 이들에게 의지할 수 있고, 나를 도와줄 누군가가 반드시 있다."

지금 살아 있어서 할 수 있는 것들에 대해 이야기해보아요.

이번 주 중 살아 있다는 느낌이
충만하게 들었던 순간이 있다면 언제인가요?

평소 필요했던 것 중에서 오늘 충족된 것이 있나요?

요즘 당신의 삶에 기쁨을 주는 것들에 대해 이야기해보아요.

갖지 못한 것을 바라느라 가진 것에 불만족하지 마라.
지금 가진 것은 예전에 그토록 바라던 것이었음을 기억하라.

에피쿠로스Epicurus

오늘 하루 수고한 나에게 한마디

DATE . .

오늘은 몇 점짜리 하루였나요?

1	2	3	4	5	6	7	8	9	10

**"나의 삶에는 선택권이 가득하다.
나는 이 자유에 매일 감사함을 느낀다."**

오늘 이 삶에 감사한 이유를 말해보아요.

실패했지만 멋지게 극복한 경험을 이야기해보아요.

오늘 하루 기대한 것보다
더 나았던 일 한 가지가 있다면 무엇인가요?

어제는 그냥 지나쳤지만,
오늘 아주 멋지게 보였던 것이 있나요?

감사는 마음이 기억한다.

장 바티스트 마시외 Jean-Baptiste Massieu

오늘 하루 수고한 나에게 한마디

오늘은 몇 점짜리 하루였나요?

DATE . .

1	2	3	4	5	6	7	8	9	10

"나는 무엇이든 할 수 있는 이 세상에 감사하기로 선택했다."

날마다 당신에게 희망을 주는 것,
당신이 신뢰하는 것은 무엇인가요?

오늘 하루 중 가장 행복했던 순간은 언제인가요?

당신에게 주어진 두 번째 기회는 무엇인가요?

오늘 당신에게 긍정적인 느낌을 준
누군가의 말이나 행동은 무엇인가요?

내일에 대해서는 기꺼이 눈을 감아라.
충만히 산 하루는 언제나 충분하고도 남을 것이다.
감사는 자물쇠가 없는 열쇠다.

제프 포스터Jeff Foster

오늘 하루 수고한 나에게 한마디

DATE . .

오늘은 몇 점짜리 하루였나요?

1	2	3	4	5	6	7	8	9	10

"나는 인생이라는 여정과 사랑에 빠졌다."

값진 것을 가르쳐준 소중한 경험이 있나요?
그로부터 무엇을 배웠나요?

오늘 하루를 좋은 날로 만들어준
사람 또는 사물은 무엇인가요?

당신이 가진 재능은 무엇인가요?

당신이 삶을 더욱 사랑하도록 만드는 것에는 무엇이 있나요?

우리는 무서운 악몽에서 깨어나면 평범한 일상으로
돌아온 것에 감사함을 느낀다.
그런데 왜 평소에는 일상의 감사함을 깨닫지 못할까?

윌리엄 라이언 펠프스William Lyon Phelps

오늘 하루 수고한 나에게 한마디

오늘은 몇 점짜리 하루였나요?

DATE . .

1	2	3	4	5	6	7	8	9	10

"나는 오늘을 편안하게, 천천히 나아간다."

힘들었지만 당신이 더욱 성장하는 데에
도움이 된 경험은 무엇인가요?

내일이 기대되는 이유는 무엇인가요?

존재만으로도 삶을 더 좋게 만들어주는 사람이 있나요?
그 사람과의 추억 한 가지를 이야기해보아요.

'내가 나여서 다행이다'라고 생각한 적이 있나요?
그 이유는 무엇인가요?

감사는 해볼 만한 도전거리가 아닌 선택이다.

로버트 브레이스Robert Braathe

오늘 하루 수고한 나에게 한마디

오늘은 몇 점짜리 하루였나요?

DATE . .

1	2	3	4	5	6	7	8	9	10

"나는 매 순간 아름다운 것들에 둘러싸여 있다."

늘 갖길 원하던 것 중에 지금 이미 가진 것이 있나요?

최근 새롭게 얻은 기회가 있나요?
앞으로 그 기회를 어떻게 활용할 생각인가요?

요즘 가장 사랑하는 것은 무엇인가요?
왜 좋아하게 되었나요?

당신의 하루를 즐겁게 만드는 단순한 즐거움은 무엇인가요?

생의 모든 것이 선물이며 공짜라는 사실을 의식하라.
이 모든 것이 공짜로 주어진 것이라면
그에 적합한 반응은 오직 감사뿐일 것이다.
데이비드 스타인들 라스트David Steindl-Rast

오늘 하루 수고한 나에게 한마디

오늘은 몇 점짜리 하루였나요?

DATE . .

1	2	3	4	5	6	7	8	9	10

"나는 날마다 내가 원하는 곳, 그리고 원하는 사람과 가까워질 수 있도록 새로운 습관을 만든다."

당신이 지금 당장 행복해야 하는 이유는 무엇인가요?

당신에게 큰 이익을 가져다준 장점은 무엇인가요?

소속된 모임이나 공동체가 있나요?
그곳의 가장 좋은 점은 무엇인가요?

오늘 함께 시간을 보낸 사람은 누구인가요?
그 사람의 장점을 떠올려보아요.

상황을 바라보는 방식을 바꿔라.
그러면 상황이 바뀔 것이다.

웨인 다이어Wayne Dyer

오늘 하루 수고한 나에게 한마디

DATE . .

오늘은 몇 점짜리 하루였나요?

1	2	3	4	5	6	7	8	9	10

"내 삶은 가족, 친구들의 끈끈한 사랑과 격려로 가득 채워져 있다."

당신의 삶을 의미 있게 만드는 루틴을 소개해보아요.

힘들었지만 당신이 더욱 성장하는 데에
도움이 된 경험은 무엇인가요?

평생 잊을 수 없는 소중한 기억이 있나요?
어떤 일이었는지 이야기해보아요.

당신의 삶에서 절대로 바뀌지 않을 요소가 있다면 무엇인가요?
예를 들어 좋아하는 영화, 가장 좋았던 여행지 같은 것들이요.

**아침에 일어나면 살아 있고, 숨을 쉬고,
생각하고, 즐기고, 사랑하는 것이
얼마나 큰 특권인지 되새겨라.**

마르쿠스 아우렐리우스Marcus Aurelius

오늘 하루 수고한 나에게 한마디

오늘은 몇 점짜리 하루였나요?

DATE . .

1	2	3	4	5	6	7	8	9	10

**"인생은 내가 필요로 할 때마다
모든 면에서 나를 지지해줄 것이다."**

살면서 바란 것보다 훨씬 좋게 풀린 일이 있었나요?

오늘 당신이 미소 지을 수 있었던 이유는 무엇인가요?

삶을 더욱 즐겁게 만들어주는 사람이 있나요?
그 사람은 어떤 장점을 갖고 있나요?

오늘 살아 있어서 다행이라고 느낀 순간이 있나요?

당신이 가진 것을 원하라.
그러면 원하는 것을 가질 수 있을 것이다.

프레더릭 도드슨Frederick Dodson

오늘 하루 수고한 나에게 한마디

오늘은 몇 점짜리 하루였나요?

DATE . .

1	2	3	4	5	6	7	8	9	10

"나의 마음은 감사로 충만해 넘쳐흐른다."

늘 원하다가 오늘 드디어 해본 일이 있나요? 어땠나요?

매년 이맘때를 소중히 여기게 된 이유가 있나요?

지금까지 당연히 여기며 누려온 것이 있나요?
그것을 특별하고 소중하게 여겨야 할 이유는 무엇인지 생각해보아요.

오늘 하루 중 가장 좋았던 일은 무엇인가요?

기쁨을 추구한다면 감사 속에서 그것을 찾게 될 것이다.

무명

오늘 하루 수고한 나에게 한마디

DATE . .

오늘은 몇 점짜리 하루였나요?

1	2	3	4	5	6	7	8	9	10

"나는 나를 행복하게 만들어줄 일을 할 것이다."

오늘 함께 시간을 보낸 사람은 누구인가요?
그 사람의 장점을 떠올려보아요.

지금 가장 감사한 일은 무엇인가요?

단지 꿈만 꾸다가 드디어 얻은 기회가 있나요?
그것을 꿈꾸게 된 계기는 무엇인가요?

이 순간 축하하고 싶은 일이 있나요?

**어떤 것에 진정으로 감동하는 것보다 더 강력한 힘은 없다.
그것이 노래든 낯선 사람이든 산이든 빗방울이든, 전부 당신을 위한 것이다.
받아들이고 감사하라. 그리고 돌려주고 사랑을 느껴라.**

어밀리아 올슨Amelia Olson

오늘 하루 수고한 나에게 한마디

오늘은 몇 점짜리 하루였나요?

DATE . .

1	2	3	4	5	6	7	8	9	10

"나는 유연하고 부드러우며 삶과 조화를 이룬다."

꿈꾸는 삶의 모습이 있나요?
앞으로 그것을 이루기 위해서 지금 할 일은 무엇일까요?

오늘 일어난 일 중 앞으로 잊을 수 없이
소중해질 기억은 무엇인가요?

'내가 나여서 다행이다'라고 생각한 적이 있나요?
그 이유는 무엇인가요?

원하던 것 중 최근에 갖게 된 것이 있나요?
무엇인지, 왜 갖고 싶었는지 소개해주세요.

**그것이 무엇이든 지금 당신에게 좋게 들리고, 느낌이 좋다면,
그렇다면 틀림없이 좋은 것이다!**

듀크 엘링턴Duke Ellington

오늘 하루 수고한 나에게 한마디

오늘은 몇 점짜리 하루였나요?

1	2	3	4	5	6	7	8	9	10

"감사하면 두려움, 의심, 걱정은 자연히 물러난다."

오늘 이 자리에 있기까지 도움을 준 사람은 누구인가요?
어떤 도움을 받았나요?

삶의 아름다움을 상기시키는 것들에 대해 이야기해보아요.

현재 삶에서 기대한 것보다 더 잘된 일이 있다면 무엇인가요?

힘들었지만 당신이 더욱 성장하는 데
도움이 된 경험은 무엇인가요?

감사하는 사고방식을 가진 이들은 곤경 속에서도 메시지를 본다.
감사하는 마음을 지닌 이들은 지쳐 쓰러지더라도 다시 일어설 이유를찾는다.
그 이유가 아무리 작고 사소할지라도 말이다.

스티브 마라볼리Steve Maraboli

오늘 하루 수고한 나에게 한마디

오늘은 몇 점짜리 하루였나요?

DATE . .

1	2	3	4	5	6	7	8	9	10

"나는 도전케 하는 매 순간에 감사한다.
내 인생의 매 순간이 나의 스승이다."

오늘 함께 시간을 보낸 사람은 누구인가요?

오늘 당신이 미소 지을 수 있었던 이유는 무엇인가요?

어려운 상황에서 직접 배운 교훈이 있나요?
그중 한 가지를 떠올려보아요.

오늘 하루 중 기대한 것보다 훨씬 잘 풀린 일이 있나요?

지난주, 지난달, 또는 지난 십 년간 우리를 만족시킨 것들을 돌이켜보면
여행, 사람들에 대한 열린 마음, 인간관계, 사랑임을 알 수 있을 것이다.
이것이 바로 진정한 감사의 기초다.

잭 콘필드Jack Kornfield

오늘 하루 수고한 나에게 한마디

오늘은 몇 점짜리 하루였나요?

DATE . .

1	2	3	4	5	6	7	8	9	10

"나는 나의 강점과 한계, 성공과 도전,
이 모든 것에 대해 마음을 편히 갖는다."

딱 맞는 시기, 딱 맞는 장소에 있다고 느끼는 순간은 언제인가요?

어제는 그냥 지나쳤지만, 오늘 아주 멋지게 보였던 것이 있나요?

누군가의 작은 행동이 큰 의미가 되어 다가왔던 경험이 있나요?

오늘 하루를 좋은 날로 만들어준 사람 또는 사물은 무엇인가요?

행복하고 건강한 사람들은 목표하는 바와
이미 가진 것의 사이에서 감사를 느끼며 즐겨야 한다.

리사 랜킨Lissa Rankin

오늘 하루 수고한 나에게 한마디

오늘은 몇 점짜리 하루였나요?

DATE . .

1	2	3	4	5	6	7	8	9	10

"매일 완벽하지 못할 수도 있다.
그러나 매일매일에는 완벽한 것들이 숨어 있다."

고맙다고 말해주고 싶은 사람이 있나요?
그 사람에게 고마운 이유도 함께 적어보아요.

삶이 긍정적인 방향으로 풀리고 있음을
확인시켜준 일은 무엇인가요?

당신의 삶을 의미 있게 만드는 것은 무엇인가요?

다른 사람들은 어려워하지만,
당신만은 쉽게 선택할 수 있는 것이 있나요?

감사는 우리를 기쁨으로 인도한다.
그동안 받아온 축복을 꾸준히 떠올리면 축복이 몇 배로 불어날 것이다.
크리스티안 노스럽Christiane Northrup

오늘 하루 수고한 나에게 한마디

오늘은 몇 점짜리 하루였나요?

DATE . .

1	2	3	4	5	6	7	8	9	10

"나는 나 자신의 모든 것,
그리고 내가 세상에 베푸는 모든 것에 기쁨을 느낀다."

지금 살아 있어서 얻는 가장 큰 혜택은 무엇인가요?

이번 주 중 살아 있다는 느낌이
충만하게 들었던 순간은 언제인가요?

평소 필요했던 것 중에서 오늘 충족된 것이 있나요?

당신이 가진 재능은 무엇인가요?

나는 어제와 오늘과 내일에 어서 빨리 감사를 표하고 싶다.

세실리아 아헌Cecellia Ahern

오늘 하루 수고한 나에게 한마디

DATE . .

오늘은 몇 점짜리 하루였나요?

1	2	3	4	5	6	7	8	9	10

"나는 흘러가는 내 삶에 감사하며, 감사한 것들과 함께 춤을 춘다."

살아 있는 것이 얼마나 큰 선물인지
상기시키는 것이 있다면 무엇인가요?

꿈꾸는 삶의 모습이 있나요?
앞으로 그것을 이루기 위해서 지금 할 일은 무엇인가요?

힘든 날 희망이 되어 준 사람은 누구인가요?

다른 사람들은 어려워하지만,
당신만은 쉽게 선택할 수 있는 것이 있나요?

환경을 바꿀 수 없다면 환경에 대해 생각하는 방식을 바꿔라.

무명

오늘 하루 수고한 나에게 한마디

DATE . .

오늘은 몇 점짜리 하루였나요?

1	2	3	4	5	6	7	8	9	10

"나 자신과 삶에 대한 신뢰는 계속 커지고 있다.
그리고 모든 것이 제자리에 있다."

오늘 하루 중 가장 행복했던 순간은 언제인가요?

지금까지 당연하다고 여기며 받았던 특혜는 무엇인가요?

실패했지만 멋지게 극복한 경험을 이야기해보아요.

두 번째 기회를 얻은 경험이 있나요? 그때의 기분은 어땠나요?

당신에게 감사해하는 사람들을 사랑하고, 당신 또한 그들에게 감사하라.

코너 채펀트Connor Chalfant

오늘 하루 수고한 나에게 한마디

오늘은 몇 점짜리 하루였나요?

DATE . .

1	2	3	4	5	6	7	8	9	10

"나는 감사할 것을 너무도 많이 본다.
그리고 의심할 여지 없이, 인생은 살 가치가 있다."

당신에게 희망을 주는 말이나 행동은 무엇인가요?

값진 것을 가르쳐준 소중한 경험이 있나요?
그로부터 무엇을 배웠나요?

오늘의 당신에게 감사한 마음을 전해보아요.

당신을 아이처럼 웃게 만드는 것은 무엇인가요?
왜 그것을 좋아하게 되었나요?

**주변 사람들을 진심으로 인정하라.
그러면 곧 당신 주변으로 사람이 모여들 것이다.**

랠프 마스턴Ralph Marston

오늘 하루 수고한 나에게 한마디

DATE . .

오늘은 몇 점짜리 하루였나요?

1	2	3	4	5	6	7	8	9	10

“나의 오늘은 새로운 시작으로 충만하다.”

당신에게 영감을 주는 것은 무엇인가요?

현재의 삶에 감사해야 할 이유는 무엇인가요?

당신의 삶에 즐거움을 주는 것은 무엇인가요?

요즘 가장 사랑하는 것은 무엇인가요?
왜 좋아하게 되었나요?

밖을 거닐다가 조용히 멈춰보라.
하늘을 올려다보며 삶이 얼마나 놀라운지 생각해보라.

무명

오늘 하루 수고한 나에게 한마디

DATE . .

오늘은 몇 점짜리 하루였나요?

1	2	3	4	5	6	7	8	9	10

"감사하며 살면 반드시 기쁨이 따라온다."

당신의 삶이 이미 멋진 이유를 말해보아요.

당신에게 큰 이익을 가져다주는 장점은 무엇인가요?

존재만으로도 삶을 더 좋게 만들어주는 사람이 있나요?
그 사람과의 추억 한 가지를 이야기해보아요.

지금 행복해야 할 이유를 떠올려보아요.

나는 그동안 분투한 나에게 감사한다.
그 시절이 없었다면 나의 강점을 발견하지 못했을 것이다.
무명

오늘 하루 수고한 나에게 한마디

오늘은 몇 점짜리 하루였나요?

DATE . .

1	2	3	4	5	6	7	8	9	10

**"나는 일이 잘못될 것을 미리 걱정하지 않는다.
대신 옳은 일에 집중한다."**

늘 원하다가 오늘 드디어 해본 일이 있나요? 어땠나요?

하루를 즐겁게 만들어주는 당신만의 루틴을 소개해보아요.

오늘 하루 중 가장 좋았던 일은 무엇인가요?

삶이 긍정적인 방향으로 풀리고 있음을
확인시켜준 일은 무엇인가요?

감사는 인생의 충만함을 열어 보인다.
우리가 가진 것을 충분하게 하고, 그 이상으로 변화시킨다.
감사는 우리가 과거를 이해하게 하고, 오늘에 평화를 가져다주며,
내일을 위한 비전을 창조한다.

멜로디 비티 Melody Beattie

오늘 하루 수고한 나에게 한마디

DATE . .

오늘은 몇 점짜리 하루였나요?

1	2	3	4	5	6	7	8	9	10

"나는 명쾌함과 감사와 확신을 앞세운다."

매년 이맘때를 소중히 여기게 된 계기가 있나요?

이전까지 당연하게 여겼지만,
최근 소중함을 깨달은 것이 있나요?

소속된 모임이나 공동체가 있나요?
그곳의 가장 좋은 점은 무엇인가요?

오늘 이 자리에 있기까지 도움을 준 사람은 누구인가요?
어떤 도움을 받았나요?

매일 그 하루에게 당신 인생에서 가장 아름다운 날이 될 기회를 주어라.

마크 트웨인Mark Twain

오늘 하루 수고한 나에게 한마디

오늘은 몇 점짜리 하루였나요?

DATE . .

1	2	3	4	5	6	7	8	9	10

"사랑하는 내 인생에는 너무도 많은 것이 있다."

최근 당신의 앞에 열린 새로운 기회는 무엇인가요?
어떤 계기로 기회를 얻게 되었나요?

존재만으로도 삶을 더 좋게 만들어주는 사람이 있나요?
그 사람과의 추억 한 가지를 이야기해보아요.

오늘 당신의 하루를 더욱 안락하고 행복하게 해준
사람, 장소, 물건은 무엇인가요?

살면서 바란 것보다 훨씬 좋게 풀린 일이 있었나요?

감사는 자신을 스치는 모든 것에 자그마한 웃는 얼굴을 그려준다.

리첼 E. 굿리치Richelle E. Goodrich

오늘 하루 수고한 나에게 한마디

오늘은 몇 점짜리 하루였나요?

DATE . .

1	2	3	4	5	6	7	8	9	10

"나는 내 삶과 내가 사는 세상을 감사의 눈으로 바라본다."

당신의 삶에서 절대로 바뀌지 않을 요소가 있다면 무엇인가요?
예를 들어 좋아하는 영화, 가장 좋았던 여행지 같은 것들이요.

삶의 가치를 느끼게 해주는 것은 무엇인가요?

내일이 기대되는 이유는 무엇인가요?

인생의 경이로움을 상기시키는 장면, 소리
또는 느낌에 대하여 기록해보아요.

당신이 여기 있어서 매우 기쁘다.
당신은 나의 세상이 얼마나 아름다운지 깨닫게 해주는 존재다.

라이너 마리아 릴케Rainer Maria Rilke

오늘 하루 수고한 나에게 한마디

DATE . .

오늘은 몇 점짜리 하루였나요?

1	2	3	4	5	6	7	8	9	10

"나는 상황과 상관없이 내가 원한다면 언제든 행복해질 수 있다."

당신에게 영감을 주는 것은 무엇인가요?

현재의 삶에 감사해야 할 이유는 무엇인가요?

하루를 즐겁게 만들어주는 당신만의 루틴을 소개해보아요.

오늘 하루 중 가장 좋았던 일은 무엇인가요?

작은 일들을 충분히 즐겨라.
언젠가 되돌아보면 그것들이 큰일이었음을 깨닫게 될 것이다.

무명

오늘 하루 수고한 나에게 한마디

DATE . .

오늘은 몇 점짜리 하루였나요?

1	2	3	4	5	6	7	8	9	10

"나는 변화의 파도를 손쉽게 받아들이는 내 능력을 믿는다."

삶의 가치를 느끼게 해주는 것은 무엇인가요?

제일 친한 친구의 장점 한 가지를 적어보아요.

지금 가장 감사한 일은 무엇인가요?

단지 꿈만 꾸다가 드디어 얻은 기회가 있나요?
그것을 꿈꾸게 된 계기는 무엇인가요?

오늘은 정말 멋진 날이다. 이런 날은 처음이다.

마야 안젤루Maya Angelou

오늘 하루 수고한 나에게 한마디

DATE . .

오늘은 몇 점짜리 하루였나요?

1	2	3	4	5	6	7	8	9	10

"오늘은 또 한 번의 멋진 날이 될 것이다."

오늘 이 자리에 있기까지 도움을 준 사람은 누구인가요?
어떤 도움을 받았나요?

삶이 소중하고 놀라운 것임을 상기시키는 요소는 무엇인가요?

현재 삶에서 기대한 것보다 더 잘된 일이 있다면 무엇인가요?

힘들었지만 당신이 더욱 성장하는 데에
도움이 된 경험은 무엇인가요?

세상에 대한 지식을 넓히고 우주를 더 잘 알기 위해 노력하는 일은
충분히 가치 있다. 실제로 인생은 꽤 괜찮기 때문이다.

일론 머스크Elon Musk

오늘 하루 수고한 나에게 한마디

오늘은 몇 점짜리 하루였나요?

DATE . .

1	2	3	4	5	6	7	8	9	10

"나는 나 자신과 리듬을 맞추고, 환경과 화음을 맞춘다."

오늘 함께 시간을 보낸 사람은 누구인가요?

오늘 당신이 미소 지을 수 있었던 이유는 무엇인가요?

어려운 상황에서 직접 배운 교훈이 있나요?
그중 한 가지를 떠올려보아요.

오늘 하루 중 기대한 것보다 훨씬 잘 풀린 일이 있나요?

마음에 노래가 없는 날도 있을 것이다. 그래도 우리는 노래해야만 한다.

에모리 오스틴Emory Austin

오늘 하루 수고한 나에게 한마디

오늘은 몇 점짜리 하루였나요?

DATE . .

1	2	3	4	5	6	7	8	9	10

“모든 좌절이 재기로, 실패가 돌파로 바뀔 것을 기대한다.”

살아 있는 것이 얼마나 큰 선물인지
상기시키는 것이 있다면 무엇인가요?

꿈꾸는 삶의 모습이 있나요?
앞으로 그것을 이루기 위해서 지금 할 일은 무엇인가요?

힘든 날 희망이 되어 준 사람은 누구인가요?

날마다 당신에게 희망을 주는 것,
당신이 신뢰하는 것은 무엇인가요?

감사는 평범한 날을 특별한 날로 바꿀 수 있다.

윌리엄 아서 워드William Arthur Ward

오늘 하루 수고한 나에게 한마디

오늘은 몇 점짜리 하루였나요?

DATE . .

1	2	3	4	5	6	7	8	9	10

"지금 나는 한때 내가 꿈만 꾸던 위치에 있다.
그리고 그 꿈은 현실이 됐다"

지금까지 당연하다고 여기며 받았던 특혜는 무엇인가요?

당신에게 희망을 주는 말이나 행동은 무엇인가요?

지금의 당신에게 감사한 이유는 무엇인가요?

오늘 하루를 좋은 날로 만들어준 사람 또는 사물은 무엇인가요?

마음은 유연한 거울이니 잘 움직여 더 나은 세상을 봐야 한다.

아미트 레이 Amit Ray

오늘 하루 수고한 나에게 한마디

오늘은 몇 점짜리 하루였나요?

DATE . .

1	2	3	4	5	6	7	8	9	10

"사랑과 기쁨, 진실한 감사는 나의 자연스러운 일부다."

삶이 긍정적인 방향으로 풀리고 있음을
확인시켜준 일은 무엇인가요?

당신의 삶을 의미 있게 만드는 것은 무엇인가요?

당신이 가진 재능은 무엇인가요?

지금 살아 있어서 얻는 가장 큰 혜택은 무엇인가요?

많이 웃을수록 걱정이 잦아든다. 측은히 여길수록 비판이 적어진다.
축복할수록 긴장이 줄어든다. 사랑할수록 증오가 사그라든다.

로이 T. 베넷Roy T. Bennett

오늘 하루 수고한 나에게 한마디

"감사는 나의 생각과 행동에 배어들고 나의 세상으로 흘러든다."

실패했지만 멋지게 극복한 경험을 이야기해보아요.

존재만으로도 삶을 더 좋게 만들어주는 사람이 있나요?
그 사람과의 추억 한 가지를 이야기해보아요.

값진 것을 가르쳐준 소중한 경험이 있나요?
그로부터 무엇을 배웠나요?

딱 맞는 시기, 딱 맞는 장소에 있다고 느끼는 순간은 언제인가요?

행복하고 건강하며 서로 돕는 관계를 유지하는 최고의 방법은
바로 '감사', 이 한 단어로 요약된다.

마시 시모프Marci Shimoff

오늘 하루 수고한 나에게 한마디

오늘은 몇 점짜리 하루였나요?

DATE . .

1	2	3	4	5	6	7	8	9	10

"나에게는 긍정적이고 지속적인 변화를 만들어 낼 힘이 있다."

당신에게 주어진 두 번째 기회는 무엇인가요?

오늘 함께 시간을 보낸 사람은 누구인가요?

현재의 삶에 감사해야 할 이유는 무엇인가요?

누군가의 작은 행동이 큰 의미가 되어 다가왔던 경험이 있나요?

이 글을 읽고 있다면…… 축하한다. 당신은 살아 있다!
이게 미소 지을 일이 아니라면 도대체 무엇이 미소 지을 일인가?

채드 서그Chad Sugg

오늘 하루 수고한 나에게 한마디

오늘은 몇 점짜리 하루였나요?

DATE . .

1	2	3	4	5	6	7	8	9	10

"나는 나 자신을 알고, 나 자신을 믿으며, 나 자신이 될 수 있다."

고맙다고 말해주고 싶은 사람이 있나요?
그 사람에게 고마운 이유도 함께 적어보아요.

지금껏 당신 스스로 내린 선택 중
가장 감사하게 여기는 것은 무엇인가요?

이번 주 중 살아 있다는 느낌이
충만하게 들었던 순간이 있다면 언제인가요?

평소 필요했던 것 중에서 오늘 충족된 것이 있나요?

고개를 들고 턱을 치켜들어라.
그리고 무엇보다 중요한 건 미소를 짓는 것이다.
인생은 아름답고, 웃을 일은 아주 많다.

마릴린 먼로Marilyn Monroe

오늘 하루 수고한 나에게 한마디

오늘은 몇 점짜리 하루였나요?

DATE . .

1	2	3	4	5	6	7	8	9	10

"나는 전보다 더욱더 친절하고 행복해졌다.
게다가 이 행복은 이제 막 시작됐을 뿐이다."

당신이 지금 당장 행복해야 하는 이유는 무엇인가요?

당신에게 큰 이익을 가져다준 재능은 무엇인가요?

매년 이맘때를 소중히 여기게 된 계기가 있나요?

소속된 모임이나 공동체가 있나요?
그곳의 가장 좋은 점은 무엇인가요?

매일을 인생이 이제 막 시작된 것처럼 살아라.

요한 볼프강 폰 괴테Johann Wolfgang Von Goethe

오늘 하루 수고한 나에게 한마디

오늘은 몇 점짜리 하루였나요?

DATE . .

1	2	3	4	5	6	7	8	9	10

"스트레스는 줄어들고 마음의 평화는 증가한다."

살아 있는 것이 얼마나 큰 선물인지
상기시키는 것이 있다면 무엇인가요?

당신의 삶에서 절대로 바뀌지 않을 요소가 있다면 무엇인가요?
예를 들어 좋아하는 영화, 가장 좋았던 여행지 같은 것들이요.

당신의 삶이 이미 멋진 이유는 무엇인가요?

존재만으로도 삶을 더 좋게 만들어주는 사람이 있나요?
그 사람과의 추억 한 가지를 이야기해보아요.

목적을 갖고 살아라. 끝까지 가라. 열심히 듣고, 건강을 지켜라.
흥겹게 놀고 소리 내어 웃어라. 후회 없는 선택을 해라. 친구에게 고마움을 가져라.
계속 배워라. 좋아하는 일을 해라. 마지막인 것처럼 살아라.

메리 앤 래드매처Mary Anne Radmacher

오늘 하루 수고한 나에게 한마디

오늘은 몇 점짜리 하루였나요?

DATE . .

1	2	3	4	5	6	7	8	9	10

“나는 지금의 내가 마음에 들고, 앞으로 어떤 사람이 될지 몹시 궁금하다.”

늘 하고 싶어 하다가 오늘 드디어 하게 된 일이 있나요?

소중히 여기는 루틴이 있나요? 무엇인지 소개해주세요.

오늘 하루 중 가장 좋았던 일은 무엇인가요?

누군가의 작은 행동이 큰 의미가 되어 다가왔던 경험이 있나요?

밖에서 일어나는 일을 항상 통제할 수는 없지만,
당신의 내면에서 일어나는 일은 언제나 통제할 수 있다.

웨인 다이어Wayne Dyer

오늘 하루 수고한 나에게 한마디

오늘은 몇 점짜리 하루였나요?

DATE . .

1	2	3	4	5	6	7	8	9	10

"내 삶은 가장 멋진 방식으로 나아가고 있다."

당신의 삶이 이미 멋진 이유는 무엇인가요?

어제는 그냥 지나쳤지만, 오늘 아주 멋지게 보인 것이 있나요?

오늘의 당신에게 감사한 마음을 전해보아요.

지금까지 당연히 여기며 받았던 특혜는 무엇인가요?

나는 창밖으로 빛과 지평선, 활동과 사랑을 찾아 분주히 다니는 거리의 사람들을 본다. 그러면 내 심장은 조금씩 춤을 춘다.

노라 에프론Nora Ephron

오늘 하루 수고한 나에게 한마디

오늘은 몇 점짜리 하루였나요?

DATE . .

1	2	3	4	5	6	7	8	9	10

"나는 열린 마음으로 오늘을 맞이한다."

누군가의 작은 행동이 큰 의미가 되어 다가왔던 경험이 있나요?

최근 당신의 앞에 열린 새로운 기회는 무엇인가요?
어떤 계기로 기회를 얻게 되었나요?

당신의 삶을 의미 있게 만드는 것은 무엇인가요?

지금 가장 감사한 일은 무엇인가요?

모든 시대에 걸쳐 가장 위대한 발견은
단지 태도를 바꿈으로써 미래를 바꿀 수 있다는 것이다.

오프라 윈프리Oprah Winfrey

오늘 하루 수고한 나에게 한마디

DATE . .

오늘은 몇 점짜리 하루였나요?

1	2	3	4	5	6	7	8	9	10

"나는 지금의 내 삶을 사랑한다."

힘들었지만 당신이 더욱 성장하는 데에
도움이 된 경험은 무엇인가요?

오늘 하루 중 기대한 것보다 훨씬 잘 풀린 일이 있나요?

오늘 당신의 하루를 더욱 안락하고 행복하게 해준
사람, 장소, 물건은 무엇인가요?

늘 갖길 원하던 것 중에 최근 갖게 된 것이 있나요?
무엇인지, 왜 갖고 싶었는지 소개해주세요.

감사에 초점을 맞추면 실망의 물결은 멀리 밀려가고 사랑의 물결이 밀려온다.

크리스틴 암스트롱Kristin Armstrong

오늘 하루 수고한 나에게 한마디

오늘은 몇 점짜리 하루였나요?

DATE . .

1	2	3	4	5	6	7	8	9	10

"바로 이 순간 내 삶은 전개되고 있다.
이 순간만으로도 충분하고 넘친다."

당신이 가진 재능은 무엇인가요?

존재만으로도 삶을 더 좋게 만들어주는 사람이 있나요?
그 사람과의 추억 한 가지를 이야기해보아요.

평소 필요했던 것 중에서 오늘 충족된 것이 있나요?

지금 살아 있어서 얻는 가장 큰 혜택은 무엇인가요?

사는 동안 매일 겪는 사소하고도 아름다운 순간에 감사하라.
그러면 세상이 또 다른 관점으로 보일 것이다.

테아 크리스틴 메이Thea Kristine May

오늘 하루 수고한 나에게 한마디

매일매일 감정 기록

✳

감사 일기를 쓴 후 이 페이지를 펼쳐 오늘의 감정을 기록해보세요. 기분별로 색을 칠해도 좋고, 간단하게 표정을 그려 넣어도 좋아요. 120칸을 채운 뒤 돌아보면 그간 어떤 시간을 보내왔는지 한눈에 파악할 수도 있고, 감사의 힘을 다시 한번 느끼는 좋은 기회가 될 거예요.

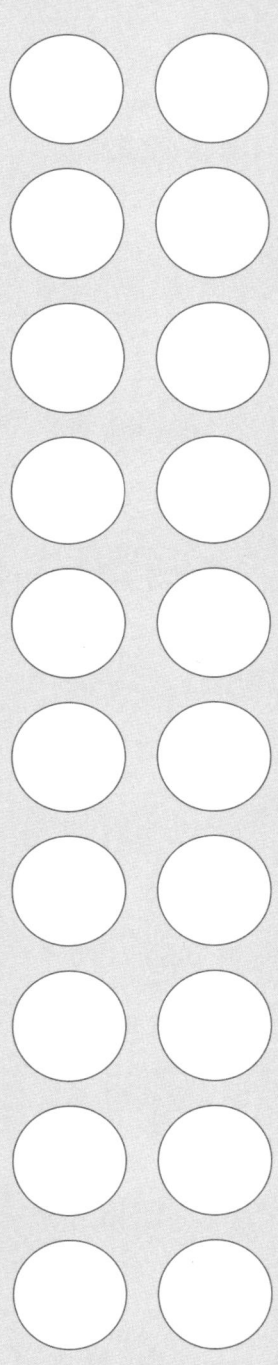

예

좋았던 날

좋지도 나쁘지도 않았던 날

에필로그

이 페이지에 도달한 여러분은 약 120일간 감사 일기를 쓰는 여정을 성공적으로 끝마친 것입니다. 매일 치열한 하루를 살아내고 일기까지 쓰는 것이 마냥 쉽지만은 않았을 것입니다. 포기하지 않고 끝까지 해낸 여러분 스스로를 충분히 칭찬해주세요. 그리고 120일간 감사 일기를 써본 소감과 감사를 습관 삼으며 일상에서 바뀐 점은 무엇인지 떠올려보세요.

수고한 자신을 아낌없이 칭찬해보아요.

매일 감사 일기를 쓰며 어려웠던 점은 없었나요?
그때마다 어떻게 마음을 다잡았나요?

감사 일기를 쓰며 겪은
긍정적인 변화에 대해 이야기해보아요.

가장 힘이 되었던, 혹은 와닿았던 명언이나
확언은 무엇이었나요?

감사 일기를 마치며, 그간의 느낀 점과
앞으로 감사하는 습관을 어떻게 실천할 것인지 계획을 세워보아요.

하루 5분 감사 일기

초판 1쇄 발행 2023년 11월 27일

지은이 소피아 고드킨
옮긴이 박선주
펴낸이 최현준

편집 구주연, 이소담
디자인 박영정

펴낸곳 빌리버튼
출판등록 2022년 7월 27일 제 2016-000361호
주소 서울시 마포구 월드컵로 10길 28, 201호
전화 02-338-9271
팩스 02-338-9272
메일 contents@billybutton.co.kr

ISBN 979-11-92999-26-5 (03190)